Die Legende von der Christrose

… und allerlei Wissenswertes über
eine Blume im Winter

Die Legende von der Christrose

von Selma Lagerlöf

... und allerlei Wissenswertes über
eine Blume im Winter

von Astrid Grabener

Grabener

Classis XIII. POLYANDRIA VIELFÆDICHTE. B.C.D.E. Di–Tri–Penta–Polygynia.

C. G. Geissler. Pinx: et Sculps. Add. Dictamnus T. 28. Ruta T. 29. Peganum T. 27. Actæa T. 36.

Inhaltsverzeichnis

Vorwort 7

Die Legende von der Christrose 15

Über die Legende

Wandel zwischen Mitternacht und Morgendämmerung – Eine tiefenpsychologische Deutung ... 33
Selma Lagerlöf, die Autorin 39
Marie Franzos, die Übersetzerin 49
Albert Langen, der Verleger 51

Allerlei Wissenswertes

Über eine Blume im Winter 55
Biologisches und Heilkundliches 57
Geschichtliches und Geistliches 61
Sprachliches und Literarisches 63
Rätselhaftes und Sagenhaftes 69
Musikalisches und Magisches 73

Dank 77
Quellen / Bilder 78
Impressum 80

HELLEBORUS NIGER

Vorwort

von Prof. Dr. Klaus Böldl,
Nordisches Institut der Universität Kiel

Als Selma Lagerlöf Anfang der 1880er Jahre das Lehrerinnenseminar in Stockholm besuchte, soll ihr während eines Spaziergangs durch die Altstadt durch den Kopf gegangen sein, ob sie ihrer Heimat, der nordwestschwedischen Provinz Värmland, nicht ebenso ein literarisches Denkmal setzen könnte wie das etwa August Strindberg mit der Hauptstadt gelungen war. Diese Gegend mit ihren verschneiten Winterwäldern, ihrer markigen bäuerlichen Bevölkerung, den rauschenden Festen auf den Gutshöfen, den Sagen und Legenden, die man sich dort seit Hunderten von Jahren zu erzählen pflegte: Hatte sie es nicht ebenso verdient, auf der literarischen Landkarte zu erscheinen wie das pulsierende Stockholm?

Der Weg zur anerkannten Schriftstellerin sollte sich für Selma indessen als lang und steinig erweisen. Zunächst mühte sie sich damit ab, ihre Heimat in Versen zu beschwören, bis Sophie Adlersparre, Herausgeberin der Zeitschrift *Dagny* und führende Frauenrechtlerin Schwedens, sie glücklicherweise davon überzeugen konnte, sich in Prosa zu versuchen. Es vergingen allerdings noch einmal fast zehn Jahre, bis Selma 1891 ihren ersten Roman *Gösta Berling* vorlegen konnte: Zu den frühvollendeten Dichterinnen zählte sie nicht gerade.

Doch während ihr ein Jahr jüngerer Kollege Knut Hamsun im Jahr zuvor in Norwegen mit seinem modernistischen Romandebüt *Hunger* einen sensationellen Erfolg feiern konnte, wurde Selmas Erstling ausgesprochen kühl aufgenommen. Das hatte zum einen schlichtweg damit zu tun, dass sie eine Frau war, und das literarische Establishment im Schweden der damaligen Zeit fast ausschließlich aus Männern bestand – einer der schärfsten Kritiker des *Gösta Berling,* Carl David af Wirsén, sollte als Mitglied der Schwedischen Akademie noch viele Jahre später nichts unversucht lassen, um die Nobelpreisverleihung an Selma Lagerlöf zu verhindern.

Die Irritation über den Roman von den lebenslustigen Kavalieren auf dem värmländischen Gut Ekeby hat freilich noch andere, nämlich ästhetische Gründe. Im letzten Viertel des 19. Jahrhunderts war in Skandinavien eine recht freudlose, meist auch ästhetisch wenig ansprechende sozialkritische Literatur vorherrschend. Aufgabe der Literatur sei es, gesellschaftliche Probleme zur Debatte zu stellen, hatte der dänische Literaturkritiker Georg Brandes Anfang der 1870er Jahre verkündet. Im Lauf der Jahre änderte diese wichtigste Autorität des damaligen skandinavischen Literaturbetriebs ihre Anschauungen; er förderte Henrik Ibsen, er entdeckte Knut Hamsun – und er schrieb 1893 eine Rezension über *Gösta Berling*, die zwar einen etwas generös-herablassenden Ton gegenüber der jungen Debütantin anschlägt, aber doch erkennt, dass sich hier eine neue und gewichtige Stimme zu Wort gemeldet hat. Mit dieser Referenz des mächtigen Kritikerpapsts war Selma als Autorin durchgesetzt – seine Leser hatte das Buch trotz der oftmals bösen Kritiken ohnehin allmählich gefunden. Nach den dürren Jahren der naturalistischen Problem- und Debattenliteratur dürfte es von vielen geradezu als Erlösung empfunden worden sein, dass die Phantasie, das Mythische und Sagenhafte nun in der Literatur wieder in ihre Rechte gesetzt wurden. Auch die folgenden Lesergenerationen wussten dies zu schätzen: Neben Hans Christian Andersen, Henrik Ibsen und Knut Hamsun zählt Selma Lagerlöf bis heute zu den meistgelesenen Klassikern des Nordens.

Die folgenden Romane und Novellensammlungen waren so erfolgreich, dass Selma ihre Stelle als Lehrerin bald aufgeben konnte. Sie lebte nun eine Zeitlang in Dalarna, der traditionsverhafteten Provinz Schwedens schlechthin. 1908 sollte es ihr vergönnt sein, ihre Kindheitswelt zurückzuerobern, indem sie das Gut Mårbacka erwarb, auf dem sie aufgewachsen war, das die Familie aber unter dramatischen Umständen verloren hatte. Diese traumatischen Erfahrungen, insbesondere auch der Alkoholismus des Vaters und in Zusammenhang damit die Thematik von Schuld und Vergebung, tauchen in Selmas Geschichten in verschiedenen Verkleidungen in geradezu zwanghafter Weise immer wieder auf; sie bilden, könnte man sagen, die autobiographische Grundierung ihres Werkes.

Lange Zeit hat man in der Literaturwissenschaft Selma Lagerlöf als „Märchentante" abgetan, deren einfältige und stilistisch scheinbar anspruchslose Texte keine eingehende Beschäftigung verdienen. Heute ist man sich darüber im Klaren, dass es sich nicht nur bei ihren Romanen um hochkomplexe Sprachkunstwerke handelt, sondern dass auch ihre Verarbeitungen sagenhafter Stoffe von höchster künstlerischer Raffinesse zeugen. In *Nils Holgerssons wunderbarer Reise durch Schweden*, 1907, ein Jahr vor der *Christrose*, erschienen, wird dies besonders deutlich. Es ist faszinierend, wie die Autorin mit den teils aus der Volksüberlieferung geschöpften, häufig aber auch selbst erfundenen Geschichten die einzelnen Landschaften Schwedens veranschaulicht und dabei eben kein realitätsfernes Idyll entwirft, sondern ein Land im Spannungsfeld zwischen Tradition und Moderne poetisch beschwört. Es ist das Schicksal Nils Holgerssons, eher als Zeichentrickfigur oder Merchandising-Artikel populär zu sein denn als Romanheld, doch wer sich in das fast 700 Seiten dicke Buch vertieft, das erst seit 2014 in einer vollständigen Übersetzung vorliegt, der wird rasch erkennen, wie Selma Lagerlöf über den Auftrag, ein landeskundliches Schulbuch zu verfassen, hinausgewachsen ist und einen für Kinder nur bedingt geeigneten modernen Roman geschrieben hat, der die Welt der Fabel, des Märchens und der Sage auf geradezu avantgardistische Weise mit der Moderne konfrontiert.

Während die Versuche, einige der Stoffe ihrer Bücher auf die Bühne zu bringen, auf keine Gegenliebe stießen und bald wieder aufgegeben wurden, sollte sich ein anderes, damals noch junges Massenmedium mit großem Erfolg der Geschichten Selma Lagerlöfs annehmen: Die Stummfilme *Herr Arnes Schatz* von Mauritz Stiller (1919) und *Der Fuhrmann des Todes* von Victor Sjöström (1921), an denen die Autorin mitgearbeitet hatte und die beide auf meisterhaften Novellen basieren, zählen bis heute aufgrund ihrer Bildkraft und ihrer damals revolutionären Schnitttechnik zu den Meilensteinen der Filmgeschichte. Zwischen Selma und dem dandyhaften Filmkünstler Stiller kam es freilich bald zu Spannungen; seine Verfilmung von *Gösta Berling* (1924), die den Weltruhm von Greta Garbo begründen sollte, kam gegen den Willen der Autorin zustande. Auch später wurden ihre Werke immer wieder auf die Leinwand gebracht. Nur Astrid Lindgrens Bücher wurden noch häufiger verfilmt als diejenigen Selma Lagerlöfs, was die anhaltende Attraktivität und Aktualität ihrer Geschichten nicht weniger illustriert als deren internationale Auflagenzahlen.

Wie schon erwähnt, zeigte sich Selma Lagerlöf bereits in ihrem Debüt als Meisterin der großen epischen Form, des Romans, doch bewährt sich ihre ökonomische und wirkungsbewusste Erzählkunst ebenso in den kleineren Formaten, in den Novellen und Kurzgeschichten. In den kürzeren Texten kommt ihr charakteristischer Ton, der schlichte und lakonische, an mündlichen Erzählungen wie auch an den isländischen Sagas des Mittelalters geschulter Stil sogar besonders deutlich zum Tragen. Diese Schlichtheit darf freilich nicht mit Kunstlosigkeit verwechselt werden, wie das des Öfteren geschehen ist. „Es strengt an, einfach zu sein", schrieb sie einmal.

Während in *Gösta Berling* noch ein gewisser burlesker Überschwang vorherrscht, kultiviert die Autorin sehr bald einen Erzählstil, der auf das Wesentliche der Geschichte konzentriert ist, auf Reflexionen und Abschweifungen weitgehend verzichtet und bei dem gleichzeitig vieles unausgesprochen bleibt und vom Leser selbst ergänzt werden muss. Nicht zu Unrecht hat man häufig Parallelen zu der psychologischen Romankunst Knut Hamsuns gezogen. Doch während bei Hamsun besonders in seinem resignativen Spätwerk ein eher nihilistisches Menschenbild vorherrscht, ist in Lagerlöfs Geschichten das Wirken höherer Kräfte, das Wunderbare stets im Bereich des Möglichen. *Die Legende von der Christrose* ist hierfür ein Paradebeispiel.

Die Geschichte spielt nicht in Värmland, sondern ganz im Süden Schwedens, in Schonen, wo Selma einige Jahre als Lehrerin wirkte und von wo aus auch Nils Holgersson seine abenteuerliche Reise mit den Wildgänsen beginnt. Zeitlich einordnen lässt sich die Legende durch den Bischof Absalon, der von 1128 bis 1201 lebte und seit etwa 1177 Erzbischof von Lund war. Einige Jahre zuvor hatte dieser mächtigste nordische Kirchenfürst seiner Zeit einen Kreuzzug gegen die damals noch heidnischen Bewohner der Insel Rügen angeführt.

Die Legende führt uns also ins Mittelalter, in eine Zeit, in der Schonen noch zu Dänemark gehörte. Die Räubermutter kommt eines Tages nach Öved, „das zu jener Zeit ein Kloster war". Die Klöster wurden in Skandinavien nach der Reformation Mitte des 16. Jahrhunderts allesamt geschlossen. Heute erhebt sich an dieser Stelle ein prachtvolles Rokokoschloss, das seine katholische Vorgeschichte nur noch in seinem Namen Övedkloster bewahrt. Im 18. Jahrhundert wurde es auf den Überresten eben jenes Prämonstratenserklosters errichtet, in dessen Garten uns die Legende eingangs führt. Nils Holgersson und die Wildgänse halten eine längere Rast im Park des berühmten Schlosses; gut möglich, dass in den Recherchen zum Nils Holgersson der Anstoß für die Legende zu finden ist. Als historisch kann schließlich auch der düstere Wald des Hochlandes von Göinge – damals die Grenzregion zwischen Dänemark und Schweden – als Rückzugsort von Räubern gelten.

Das Geschehen, das sich in der Erzählung entfaltet, weist alle Zutaten einer Legende aus: eine begrenzte Anzahl von Figuren, die sich in fromme und böse unterteilen lassen, und ein wundersames Ereignis, eine Durchbrechung der Naturgesetze, die von der Allmacht Gottes zeugt.

Doch sind die Verhältnisse in Selma Lagerlöfs Geschichten nie so eindeutig, wie sie zunächst erscheinen: Der Räubervater, der zu Beginn geradezu den Inbegriff des Bösen verkörpert, sehnt sich in Wahrheit nach einem ehrbaren Leben unter sittsamen Menschen, während seine Frau sich durchaus empfänglich zeigt für das Schöne und Lichte. Die Person, die sich schuldig macht, gehört hingegen zum frommen Kreis des Klosters. Dieser Laienbruder ist es, der im Zentrum des Geschehens steht. So berührend die ruhige Glaubensfestigkeit des Abtes Johannes (der im Original übrigens schlicht Hans heißt) auch auf den Leser wirken mag, der eigentliche „Held“ der Geschichte ist doch der Laienbruder, der durch seinen Unglauben und seinen Argwohn zu verantworten hat, dass der Wald von Göinge niemals mehr in der Weihnachtsnacht zum Paradies wird, und der am Ende als Eremit im Wald Buße tut.

Die Legende, die die Herkunft der Christrose erklären soll, und dabei auf verbreitete Vorstellungen vom wunderbaren Wachstum der Pflanzen in der Christnacht zurückgreift, ist also wie so viele der Erzählungen Selma Lagerlöfs zugleich eine Geschichte von Schuld und Sühne. Vielleicht geht es zu weit, in Selmas Vater, der mit seiner Trunksucht den Verlust des Kindheitsparadieses verursacht hat, das ferne Urbild des Laienbruders sehen zu wollen, der seinerseits durch seine Glaubensschwäche das weihnachtliche Paradies von Göinge zum Verschwinden bringt. Jedenfalls erweist sich, dass die Legende von der Christrose, so einfach und scheinbar einfältig sie sich auf den ersten Blick darstellt, doch verschiedene Sinnebenen aufweist und damit auch verschiedene Interpretationsansätze nahelegt – ohne dass der fromme und innige Ton, der den ästhetischen Reiz dieser kleinen Erzählung ausmacht, darunter leiden würde. Was Selma Lagerlöf zu einer der wichtigsten und zu Recht meistgelesenen Autorinnen Schwedens macht, ist eben dieses Vermögen, mit den einfachsten und klarsten erzählerischen Mitteln immer wieder eine faszinierende Vielschichtigkeit zu erzielen und den Leser so zu einer eigenständigen Deutung des Geschehens anzuregen.

Foto / Zeichnung: Elizabeth Blackwell, siehe Bildquellen

Diese Zeichnung von Elizabeth Blackwell in ihrem Kräuterbuch von 1754 - 1773 zeigt nicht die als Christrose oder Schneerose bekannte Schwarze Nieswurz sondern die Weiße Nieswurz. Auf der nächsten Seite ist die Orientalische Schwarze Nieswurz abgebildet, deren Blüten nicht nur weiß sind, sondern auch andere Farben haben können.

Helleborus niger.

Helleborus niger Flore roseo orientalis.

1–8. Blüthe
9. 10. Blath
11. Würtzel

Orientalische Schwartze Nießwurtz.

Helleborus foetidus:

Helleboraster. { 1. Blume. 2. geschlossene Frucht. 3. geöfnete Frucht. 4. Saamen. } Läuß Kraut.

Die Legende von der Christrose

von Selma Lagerlöf

Die Räubermutter, die in der Räuberhöhle oben im Göinger Wald hauste, hatte sich eines Tages auf einen Bettelzug in die Ebene hinunter begeben. Der Räubervater selbst war ein friedloser Mann und durfte den Wald nicht verlassen, sondern musste sich damit begnügen, den Reisenden aufzulauern, die sich in den Wald wagten. Doch zu jener Zeit gab es im nördlichen Schonen nicht viele Reisende. Wenn es also geschah, dass der Räubervater ein paar Wochen lang mit seiner Jagd kein Glück hatte, dann begab sich die Räubermutter auf Wanderschaft. Sie hatte ihre fünf Kinder dabei, und jedes der Kleinen hatte zerfetzte Fellkleider und Holzschuhe und trug auf dem Rücken einen Sack, der gerade so lang war wie es selbst. Wenn die Räubermutter zu einer Haustüre hereinkam, dann wagte niemand, ihr zu verweigern, was sie verlangte, denn sie war sich nicht zu gut dafür, in der nächsten Nacht zurückzukehren und das Haus anzuzünden, wenn man sie nicht freundlich aufgenommen hatte. Die Räubermutter und ihre Kinder waren ärger als die Wolfsbrut, und gar mancher hatte schon Lust gehabt, sie mit einem Spieß zu durchbohren, aber dies geschah niemals; denn man wusste, dass ihr Mann dort oben im Walde hauste und sich zu rächen wissen würde, wenn den Kindern oder der Alten etwas zuleide geschähe.

Wie nun die Räubermutter so von Hof zu Hof zog und bettelte, kam sie eines schönen Tages nach Öved, das zu jener Zeit ein Kloster war. Sie läutete an der Klosterpforte und verlangte etwas zu essen, und der Türhüter öffnete eine kleine Klappe und reichte ihr sechs runde Brote, eines für sie und eines für jedes ihrer Kinder.

Während die Räubermutter so still vor der Klosterpforte stand, liefen ihre Kinder umher. Und nun kam eines von ihnen heran und zupfte sie am Rock, zum Zeichen, dass es etwas gefunden habe, was sie sich ansehen sollte, und die Räubermutter folgte ihm sofort.

Das ganze Kloster war von einer hohen und starken Mauer umgeben, aber der kleine Junge hatte es geschafft, ein kleines Hintertürchen zu finden, das angelehnt stand. Als die Räubermutter dort hinkam, stieß sie sogleich die Tür auf und trat ein, ohne um Erlaubnis zu fragen, wie es eben ihre Art war.

Das Kloster Öved wurde zu jener Zeit von dem Abt Hans geleitet, der ein kräuterkundiger Mann war. Er hatte sich hinter der Klostermauer einen kleinen Garten angelegt, und in diesen drang nun die Räubermutter ein.

Im ersten Augenblick war sie so erstaunt, dass sie am Eingang regungslos stehen blieb. Es war Hochsommerzeit, und der Garten des Abtes Hans stand so voll von Blumen, dass es einem blau und rot und gelb vor den Augen flimmerte, wenn man hineinsah. Aber bald breitete sich ein vergnügtes Lächeln über das Gesicht der Räubermutter, und sie begann einen schmalen Pfad entlang zu gehen, der zwischen vielen kleinen Blumenbeeten hindurchlief.

Im Garten ging ein Laienbruder herum und jätete Unkraut. Er war es, der die Tür in der Mauer halb offen gelassen hatte, um Queckengras und Melde auf den Kehrichthaufen davor werfen zu können. Als er die Räubermutter mit ihren fünf Bälgern im Schlepptau in den Garten treten sah, stürzte er ihnen sogleich entgegen und befahl ihnen, sich zu trollen. Aber das Bettelweib lief einfach weiter. Sie ließ ihre Blicke in alle Richtungen schweifen, sah bald die starren weißen Lilien an, die sich auf einem Beet ausbreiteten, und bald den Efeu, der die Klosterwand emporkletterte, und bekümmerte sich nicht im geringsten um den Laienbruder.

Der Laienbruder dachte, sie habe ihn nicht verstanden. Da wollte er sie am Arm packen, um sie nach dem Ausgang umzudrehen. Aber als die Räubermutter seine Absicht merkte, warf sie ihm einen Blick zu, vor dem er zurückprallte. Sie war unter ihrem Bettelsack mit gebeugtem Rücken gegangen, aber jetzt richtete sie sich zu ihrer vollen Größe auf.

– „Ich bin die Räubermutter aus dem Göinger Wald," sagte sie, „rühr mich nur an, wenn du es wagst." Und es sah aus, als ob sie nach diesen Worten ebenso sicher wäre, unbehelligt ihres Weges ziehen zu können, als hätte sie verkündet, dass sie die Königin von Dänemark sei.

Aber der Laienbruder wagte es dennoch, sie zu behelligen, wenn er auch jetzt, wo er wusste, wer sie war, begütigend zu ihr sprach. – „Du musst wissen, Räubermutter," sagte er, „dass dies ein Mönchskloster ist, und dass es keiner Frau im Lande gestattet ist, sich innerhalb dieser Mauern aufzuhalten. Wenn du nun nicht deiner Wege gehst, dann werden die Mönche mir zürnen, weil ich vergessen habe, das Tor zu schließen, und sie werden mich vielleicht von Kloster und Garten verjagen.“ Doch solche Bitten waren an die Räubermutter verschwendet. Diese ging weiter durch die Rosenbeete und schaute sich den Ysop an, der mit lilafarbenen Blüten bedeckt war, und das Kaprifolium, das voll rotgelber Blumentrauben hing.

Da wusste sich der Laienbruder keinen andern Rat, als in das Kloster zu laufen und Hilfe herbeizurufen. Er kam mit zwei stämmigen Mönchen zurück, und die Räubermutter sah sogleich, dass es nun Ernst wurde. Sie stellte sich breitbeinig in den Weg und begann mit gellender Stimme die furchtbare Rache herauszuschreien, die sie an dem Kloster nehmen würde, wenn sie nicht in dem Garten bleiben dürfte, solange sie wollte.

Aber die Mönche glaubten, sie nicht fürchten zu müssen, und sie dachten nur daran, sie zu vertreiben. Da stieß die Räubermutter schrille Schreie aus, stürzte sich auf sie und kratzte und biss, und ebenso machten es alle ihre Jungen. Die drei Männer merkten bald, dass sie ihnen überlegen war. Es blieb ihnen nichts übrig, als ins Kloster hinüber zu gehen und Verstärkung zu holen.

Wie sie über den Pfad liefen, der in das Kloster führte, begegneten sie dem Abt Hans, der herbeigeeilt war, um zu sehen, was für ein Lärm das wäre, den man aus dem Garten hörte. Da mussten sie gestehen, dass die Räubermutter aus dem Göinger Walde in das Kloster hereingekommen war und dass sie es nicht vermocht hätten, sie zu vertreiben, sondern nun Hilfe herbeiholen müssten.

Aber Abt Hans tadelte sie, dass sie Gewalt gebraucht hätten, und verbot ihnen, Hilfe herbeizuholen. Er schickte die beiden Mönche zu ihrer Arbeit zurück, und obgleich er ein alter, gebrechlicher Mann war, nahm er nur den Laienbruder mit in den Garten.

Als Abt Hans dort anlangte, ging die Räubermutter wie zuvor zwischen den Beeten umher. Und er konnte sich nicht genug über sie wundern. Er war sich ganz sicher, dass die Räubermutter nie zuvor in ihrem Leben einen Kräutergarten erblickt hatte. Aber wie dem auch sein mochte, – sie ging zwischen all den kleinen Beeten umher, von denen jedes mit einer anderen Art fremder und seltsamer Blumen bepflanzt war, und betrachtete sie, als wären es alte Bekannte. Es sah aus, als hätte sie schon öfters Immergrün und Salbei und Rosmarin gesehen. Einigen lächelte sie zu, und über andre wieder schüttelte sie den Kopf.

Abt Hans liebte seinen Garten so sehr wie er nur etwas zu lieben imstande war, was irdisch und vergänglich war. So wild und grimmig die Räubermutter auch aussehen mochte, er kam doch nicht umhin, Gefallen daran zu finden, dass sie mit drei Mönchen gekämpft hatte, um den Garten in Ruhe betrachten zu können. Er trat auf sie zu und fragte sie sanftmütig, ob ihr der Garten zusage. Die Räubermutter wendete sich heftig um zu Abt Hans, denn sie war nur auf Hinterhalt und Angriff gefasst, aber als sie seine weißen Haare und seinen gebeugten Rücken sah, da antwortete sie ganz freundlich:

„Als ich ihn zuerst erblickte, da schien es mir, als ob ich nie etwas Schöneres gesehen hätte, aber jetzt empfinde ich, dass er sich mit einem andern nicht messen kann, den ich kenne."

Abt Hans hatte freilich eine andere Antwort erwartet. Als er hörte, dass die Räubermutter einen Garten gesehen habe, der schöner war als der seine, breitete sich eine schwache Röte über seine runzeligen Wangen.

Der Laienbruder, der daneben stand, begann auch sogleich die Räubermutter zurechtzuweisen. – „Dies ist Abt Hans, Räubermutter," sagte er, „der selber mit großem Fleiß und Mühe aus fern und nah die Blumen für seinen Garten gesammelt hat. Wir wissen alle, dass es im ganzen Schonenland keinen reicheren Garten gibt, und es steht dir, die du das ganze Jahr im wilden Walde hausest, wahrlich nicht zu, sein Werk zu tadeln."

„Ich will niemand tadeln, weder ihn, noch dich," sagte die Räubermutter, „ich sage nur, wenn ihr den Garten sehen könntet, an den ich denke, dann würdet ihr alle Blumen, die hier stehen, ausraufen und sie als Unkraut fortwerfen."

Aber der Gärtnergehilfe war kaum weniger stolz auf die Blumen als Abt Hans selbst, und als er diese Worte hörte, begann er höhnisch zu lachen. – „Ich sehe wohl, dass du nur so schwätzest, Räubermutter, um uns zu reizen," sagte er, „das wird ja ein schöner Lustgarten sein, den du dir unter Tannen und Wacholderbüschen im Göinger Walde eingerichtet hast! Ich will mein Seelenheil verlieren, wenn du überhaupt schon einmal innerhalb der Mauern eines Gartens gewesen bist."

Die Räubermutter wurde rot vor Ärger, dass man ihr in dieser Weise misstraute, und sie rief: „Es mag wohl sein, dass ich bis zum heutigen Tag niemals innerhalb der Mauern eines solchen Gartens gestanden habe, aber ihr Mönche, die ihr heilige Männer seid, solltet wohl wissen, dass der große Göinger Wald sich in jeder Weihnachtsnacht in einen Lustgarten verwandelt, um die Geburtsstunde unseres Herrn zu feiern. Wir, die wir im Walde leben, haben dies alle Jahre geschehen sehen, und in diesem Lustgarten habe ich so herrliche Blumen geschaut, dass ich es nicht wagte, die Hand zu erheben, um sie zu brechen."

Der Laienbruder wollte ihr von neuem antworten, aber Abt Hans gab ihm ein Zeichen, stillzuschweigen. Denn Abt Hans hatte schon seit seiner Kindheit erzählen hören, dass der Wald sich in der Weihnachtsnacht in ein Feierkleid hülle. Er hatte sich oft danach gesehnt, es zu sehen, aber es war ihm niemals geglückt. Nun begann er die Räubermutter eifrig zu bitten und anzurufen, sie möge ihn um die Weihnachtszeit in die Räuberhöhle kommen lassen. Wenn sie nur eins ihrer Kinder schickte, ihm den Weg zu zeigen, dann wolle er allein hinauf reiten, und er würde sie niemals verraten, sondern sie im Gegenteil so reich belohnen, wie es nur in seiner Macht stünde.

Die Räubermutter weigerte sich zuerst, denn sie dachte an den Räubervater und an die Gefahr, in die Abt Hans sich begab, wenn sie ihn zu ihrer Höhle hinauf ziehen ließe. Aber dann wurde doch der Wunsch, ihm zu zeigen, dass der Lustgarten, den sie kannte, schöner sei als der seinige, in ihr übermächtig, und sie gab nach. „Aber mehr als einen Begleiter darfst du nicht mitnehmen," sagte sie. „Und du darfst uns keinen Hinterhalt und keine Falle stellen, so wahr du ein heiliger Mann bist." Dies versprach Abt Hans, und damit ging die Räubermutter.

Abt Hans befahl dem Laienbruder, niemand zu verraten, was nun vereinbart worden war. Er fürchtete, dass seine Mönche, wenn sie von seinem Vorhaben etwas erführen, einem alten Mann, wie er es war, nicht gestatten würden, hinauf in die Räuberhöhle zu ziehen.

Auch er selbst wollte den Plan keiner Menschenseele verraten. Aber da begab es sich, dass Erzbischof Absalon aus Lund gereist kam und eine Nacht in Öved verbrachte. Als nun Abt Hans ihm seinen Garten zeigte, musste er an den Besuch der Räubermutter denken; und der Laienbruder, der dort arbeitete, hörte, wie der Abt dem Bischof vom Räubervater erzählte, der nun so viele Jahre vogelfrei im Walde gehaust hätte, und wie er um einen Freibrief für ihn bat, damit er wieder ein ehrliches Leben unter andern Menschen führen könnte. – „Wie es jetzt steht," sagte Abt

Hans, „wachsen seine Kinder zu ärgeren Missetätern heran, als er selbst einer ist, und Ihr werdet es dort oben im Walde bald mit einer ganzen Räuberbande zu tun bekommen."

Doch Erzbischof Absalon erwiderte, dass er den bösen Räuber nicht zu den rechtschaffenen Leuten hinunterlassen wolle. Es sei für alle am besten, wenn er dort oben in seinem Walde bliebe. Da wurde Abt Hans eifrig und begann dem Bischof vom Wald von Göinge zu erzählen, der sich jedes Jahr in einen Weihnachtsschmuck kleide. „Wenn diese Räuber nicht schlimmer sind, als dass Gottes Herrlichkeit sich vor ihnen zeigt," sagte er, „so können sie wohl auch nicht zu schlecht sein, um von den Menschen Gnade zu erfahren."

Aber der Erzbischof hatte eine Antwort für Abt Hans. – „Soviel kann ich dir versprechen, Abt Hans," sagte er und schmunzelte, „an dem Tag, an dem du mir eine Blume aus dem Weihnachtsgarten im Göinger Walde schickst, will ich dir Freibriefe für alle Friedlosen geben, um die du mich bitten magst."

Der Laienbruder hatte begriffen, dass Bischof Absalon ebenso wenig wie er selbst an die Geschichte der Räubermutter glaubte, aber Abt Hans merkte nichts davon, sondern dankte Absalon für sein gütiges Versprechen und sagte, die Blume würde er ihm bestimmt schicken.

❀

Abt Hans setzte seinen Willen durch, und am nächsten Weihnachtsabend saß er nicht daheim in Öved, sondern war auf dem Wege nach Göinge. Einer der wilden Jungen der Räubermutter lief vor ihm her, und zum Geleit hatte er den Laienbruder, der im Klostergarten mit der Räubermutter gesprochen hatte. Abt Hans hatte sich über alle Maßen danach gesehnt, diese Reise zu unternehmen, und freute sich nun sehr, dass sie zustande gekommen war. Eine ganz andere Sache aber war es mit dem Laienbruder, der ihn begleitete.

Er hatte Abt Hans von Herzen lieb und hätte es nicht gern einem andern überlassen, ihn zu begleiten und über ihn zu wachen, aber er glaubte keineswegs, dass sie einen Weihnachtsgarten zu Gesicht bekommen würden. Er dachte, dass das Ganze eine Falle sei, die die Räubermutter mit großer Schlauheit Abt Hans gestellt hätte, damit er ihrem Mann in die Hände falle.

Während Abt Hans nordwärts zu der Waldgegend ritt, sah er, wie überall Anstalten für die Weihnachtsfeier getroffen wurden. Auf jedem Gehöft machte man Feuer in der Badehütte, damit sie zum Bade am Nachmittag warm sei. Aus den Vorratskammern wurden große Mengen von Fleisch und Brot in die Hütten getragen, und aus den Tennen kamen die Burschen mit großen Strohgarben, die über den Boden gestreut werden sollten.

Als er an den kleinen Landkirchen vorüber ritt, sah er, wie der Priester und sein Glöckner damit beschäftigt waren, sie mit den besten Wandbehängen auszukleiden, die nur irgend zu finden waren; und als er auf den Seitenweg kam, der nach dem Kloster Bosjö führte, sah er die Armen des Klosters mit großen Brotlaiben und langen Kerzen beladen daher wandern, die sie an der Klosterpforte bekommen hatten.

Als Abt Hans alle diese Weihnachtszurüstungen sah, da spornte er zur Eile an. Denn er dachte, dass seiner ein größeres Fest harre, als irgendeiner der anderen feiern sollte.

Doch der Laienbruder jammerte und klagte, als er sah, wie sie sich selbst in der kleinsten Hütte anschickten, das Weihnachtsfest zu feiern. Und er wurde immer ängstlicher und bat und beschwor Abt Hans, umzukehren und sich nicht freiwillig in die Hände der Räuber zu geben.

Abt Hans ritt weiter, ohne sich um seine Klagen zu scheren. Er hatte bald die Ebene hinter sich gelassen und kam nun hinauf in die einsamen, wilden Wälder. Hier wurde der Weg schlechter. Er war eigentlich nur noch ein steiniger, mit Nadeln übersäter Pfad, und nicht Brücke noch Steg halfen den Reisenden über Flüsse und Bäche. Je länger sie ritten, desto kälter wurde es, und nach einer Weile trafen sie auf schneebedeckten Boden.

Es war eine lange und beschwerliche Fahrt. Sie schlugen sich auf steilen und schlüpfrigen Seitenpfaden durch und zogen über Moor und Sumpf, drangen durch Windbrüche und Dickicht. Gerade als das Tageslicht schwächer wurde, führte der Räuberjunge sie über eine Waldwiese, die von hohen Bäumen umgeben war, von nackten Laubbäumen und von grünen Nadelbäumen. Hinter der Wiese erhob sich eine Felswand, und in der Felswand sahen sie eine Tür aus rohen Planken. Abt Hans begriff, dass sie angekommen waren, und er stieg vom Pferd. Das Kind öffnete ihm die schwere Tür, und er sah in eine ärmliche Berggrotte mit nackten Steinwänden, Die Räubermutter saß an einem Blockfeuer, das mitten auf dem Boden brannte, an den Wänden waren Lagerstätten aus Tannenreisig und Moos, und auf einer von ihnen lag der Räubervater und schlief. – „Kommt herein, ihr da draußen!“ rief die Räubermutter, ohne aufzustehen. „Und nehmt die Pferde mit herein, damit sie nicht draußen in der Nachtkälte zugrunde gehen!“

Abt Hans trat nun forsch in die Höhle, und der Laienbruder folgte ihm. Armselig und dürftig war es da, und nichts hatte man getan, um das Weihnachtsfest zu feiern. Die Räubermutter hatte weder gebraut noch gebacken, sie hatte weder gefegt noch gescheuert. Ihre Kinder lagen auf der Erde rings um einen Kessel und aßen; aber es gab nichts besseres als dünne Wassergrütze.

Doch die Räubermutter sprach ebenso stolz und selbstbewusst wie nur irgendeine wohlhabende Bauersfrau. – „Setze dich hier ans Feuer, Abt Hans, und wärme dich,“ sagte sie, „und wenn du Essen mitgebracht hast, so iss, denn was wir hier im Walde kochen, wird dir wohl nicht munden. Und wenn du von der Reise müde bist, kannst du dich auf eine dieser Lagerstätten hinlegen und schlafen. Du brauchst keine Angst zu haben, dass du dich verschlafen könntest. Ich sitze hier am Feuer und wache, und ich will dich schon wecken, damit du zu sehen bekommst, wonach du ausgeritten bist.“

Abt Hans gehorchte der Räubermutter und holte seinen Schnappsack hervor. Aber er war so müde von der Reise, dass er kaum zu essen vermochte; und sowie er sich auf dem Lager ausgestreckt hatte, schlummerte er ein.

Dem Laienbruder wurde auch eine Ruhestatt angewiesen, aber er wagte nicht zu schlafen, weil er ein wachsames Auge auf den Räubervater haben wollte, damit dieser nicht etwa aufstünde und Abt Hans fesselte. Allmählich jedoch gewann die Müdigkeit auch über ihn Gewalt, und er schlief ein. Als er erwachte, sah er, dass Abt Hans sein Lager verlassen hatte und jetzt am Feuer saß und mit der Räubermutter sprach. Der friedlose Räuber saß auch am Feuer. Er war ein langer magerer Mann und sah schwerfällig und trübsinnig aus. Er kehrte Abt Hans den Rücken zu, und es sah aus, als wolle er nicht zeigen, dass er dem Gespräch zuhörte.

Abt Hans erzählte der Räubermutter von allen den Weihnachtszurüstungen, die er unterwegs gesehen hatte, und er erinnerte sie an die Weihnachtsfeste und die fröhlichen Weihnachtsspiele, die wohl auch sie in ihrer Jugend mitgemacht hätte, als sie noch in Frieden unter den Menschen lebte. – „Es ist ein Jammer, dass eure Kinder nie verkleidet auf der Dorfstraße umhertollen oder im Weihnachtsstroh spielen dürfen," sagte Abt Hans. Die Räubermutter hatte ihm zuerst kurz und barsch geantwortet, aber so allmählich wurde sie kleinlauter und lauschte eifrig.

Plötzlich wendete sich der Räubervater gegen Abt Hans und hielt ihm die geballte Faust vor das Gesicht. – „Du elender Mönch, bist du hierhergekommen, um Weib und Kinder von mir fortzulocken? Weißt du nicht, dass ich ein friedloser Mann bin und diesen Wald nicht verlassen darf?" Abt Hans sah ihm unerschrocken gerade in die Augen.

– „Meine Absicht ist es, dir einen Freibrief vom Erzbischof zu verschaffen," sagte er.

Kaum hatte er dies gesagt, als der Räubervater und die Räubermutter in ein schallendes Gelächter ausbrachen. Sie wussten nur zu wohl, welche Gnade ein Waldräuber von Bischof Absalon zu erwarten hatte. – „Ja, wenn ich einen Freibrief von Absalon bekomme," sagte der Räubervater, „dann gelobe ich dir, nie mehr auch nur soviel wie eine Gans zu stehlen." Den Laienbruder verdroß es sehr, dass das Räuberpack es wagte, Abt Hans auszulachen; aber dieser selbst schien es ganz zufrieden zu sein. Der Laienbruder hatte ihn kaum je friedvoller und milder unter seinen Mönchen auf Öved sitzen sehen, als er ihn jetzt unter den wilden Räuberleuten sah.

Aber plötzlich sprang die Räubermutter auf. „Du sitzest hier und plauderst, Abt Hans," sagte sie, „und wir vergessen ganz, nach dem Wald zu sehen. Jetzt höre ich bis hierher, wie die Weihnachtsglocken läuten."

Kaum war dies gesagt, als alle aufsprangen und hinausliefen; aber im Walde war noch dunkle Nacht und grimmiger Winter. Das einzige, was man vernahm, war ferner Glockenklang, der von einem leisen Südwind herangetragen wurde.

Wie soll dieser Glockenklang den toten Wald wecken können, dachte Abt Hans. Denn jetzt, wo er mitten in der Dunkelheit des Waldes stand, schien es ihm viel unmöglicher als früher, dass hier ein Lustgarten erstehen könnte. Aber als die Glocken ein paar Augenblicke geläutet hatten, fuhr plötzlich ein Lichtstrahl durch den Wald. Gleich darauf wurde es ebenso dunkel wie zuvor, aber dann kam das Licht wieder. Es kämpfte sich wie ein leuchtender Nebel zwischen die dunklen Bäume hindurch. Und soviel vermochte es, dass die Dunkelheit in eine schwache Morgendämmerung überging.

Da sah Abt Hans, wie der Schnee vom Boden verschwand, als hätte jemand einen Teppich weggezogen, und wie die Erde zu grünen begann. Das Farnkraut streckte seine Triebe hervor, eingerollt wie Bischofstäbe. Das Heidekraut, das auf dem steinernen Hügel wuchs, und der Porsch, der im Moor wurzelte, kleideten sich rasch in frisches Grün. Die Moosbüschel schwollen an und hoben sich, und die Frühlingsblumen schossen mit schwellenden Knospen auf, die schon einen Schimmer von Farbe hatten.

Abt Hans klopfte das Herz heftig, als er die ersten Zeichen wahrnahm, dass der Wald aufzuwachen begann. – Soll ich alter Mann noch ein solches Wunder schauen, dachte er. Und die Tränen wollten ihm in die Augen treten.

Manchmal wurde es wieder so dämmerig, dass er fürchtete, die Finsternis der Nacht könnte aufs neue Macht erlangen. Aber sogleich kam eine neue Lichtwelle hereingebrochen. Die brachte das Murmeln von Bächen und das Rauschen der eisbefreiten Bergströme mit. Da schlugen die Blätter der Laubbäume so rasch aus, als wäre eine Menge grüner Schmetterlinge heran geflattert und hätte sich auf den Zweigen niedergelassen. Und nicht nur die Bäume und Pflanzen erwachten. Die Kreuzschnäbel begannen über die Zweige zu hüpfen. Die Spechte hämmerten an die Stämme, dass die Holzsplitter nur so flogen. Ein Schwarm Stare, der über das Land zog, ließ sich in einem Tannenwipfel nieder, um zu ruhen. Es waren Prachtstare. Die Spitze jeder kleinen Feder leuchtete in einem klaren Rot, und wenn die Vögel sich bewegten, glitzerten sie wie Edelsteine.

Wieder wurde es für ein Weilchen dunkler, aber bald kam eine neue Lichtwelle. Ein starker, warmer Südwind blies und säte über die Waldwiese alle die Samen aus südlichen Ländern, die von Vögeln und Schiffen und Winden in das Land gebracht worden waren und auf seinem kargen Boden nirgendwo anders blühen konnten; und sie schlugen Wurzel und schossen Triebe in demselben Augenblick, da sie den Boden berührten. Als die nächste Welle heran wogte, fingen Blaubeeren und Preiselbeeren zu blühen an. Wildgänse und Kraniche riefen hoch oben in der Luft, die Buchfinken bauten Nester, und die Jungen der Eichhörnchen begannen in den Baumzweigen zu spielen.

Alles ging nun so rasch, dass Abt Hans gar nicht Zeit fand, sich klar zu machen, was für ein überwältigendes Wunder da gerade geschah. Er hatte nur gerade Zeit, Augen und Ohren weit aufzumachen. Die nächste Welle, die herangebraust kam, brachte den Duft frisch gepflügter Felder. Aus weiter Ferne hörte man, wie die Hirtenmädchen die Kühe lockten, und wie die Glöckchen der Lämmer bimmelten. Tannen und Fichten bekleideten sich so dicht mit kleinen roten Zapfen, dass die Bäume wie Purpurmäntel leuchteten. Der Wacholder trug Beeren, die jeden Augenblick die Farbe wechselten. Und die Waldblumen bedeckten den Boden, sodass er ganz weiß und blau und gelb wurde.

Abt Hans beugte sich zur Erde und brach eine Erdbeerblüte. Und während er sich aufrichtete, reifte die Beere. Die Füchsin kam aus ihrem Bau mit einer großen Schar von schwarzbeinigen Jungen. Sie ging auf die Räubermutter zu und rieb sich an ihrem Rock, und die Räubermutter beugte sich zu ihr hinunter und lobte ihre Jungen. Der Uhu, der eben seine nächtliche Jagd begonnen hatte, kehrte wieder nach Hause zurück, erschreckt von dem Licht, suchte seine Schlucht auf und legte sich schlafen. Der Kuckuck rief, und das Kuckucksweibchen schlich mit einem Ei im Schnabel um die Nester der Singvögel.

Die Kinder der Räubermutter stießen zwitschernde Freudenschreie aus. Sie aßen sich an den Waldbeeren satt, die groß wie Tannenzapfen an den Sträuchern hingen. Eines von ihnen spielte mit einer Schar kleiner Hasen, ein andres lief mit den jungen Krähen um die Wette, die aus dem Nest gehüpft waren, ehe ihnen noch richtige Flügel gewachsen waren, das dritte hob die Natter vom Boden und wickelte sie sich um Hals und Arm. Der Räubervater stand draußen auf dem Moor und aß Moltebeeren. Als er aufsah, ging ein großes schwarzes Tier neben ihm einher. Da brach der Räubervater einen Weidenzweig und schlug dem Bären auf die Schnauze. – „Bleib du, wo du hingehörst," sagte er. „Das ist mein Gebüsch." Da trollte sich der Bär und trabte in eine andere Richtung.

Immer wieder kamen neue Wellen von Wärme und Licht, und jetzt brachten sie Entengeschnatter vom Waldmoor her. Gelber Blütenstaub von Roggenfeldern schwebte in der Luft. Schmetterlinge kamen, so groß, dass sie wie fliegende Lilien aussahen. Der Bau der Bienen in einer hohlen Eiche war schon so voll von Honig, dass dieser am Stamm hinunter tropfte. Jetzt begannen auch die Blumen sich zu entfalten, deren Samen aus fremden Ländern gekommen waren. Die schönsten Rosen kletterten um die Wette mit den Brombeeren die Felswand hinauf, und oben auf der Waldwiese sprossen Blumen, so groß wie Menschengesichter. Abt

Hans dachte an die Blume, die er für Bischof Absalon pflücken wollte, aber eine Blume wuchs herrlicher heran als die andere, und er wollte für ihn die allerschönste wählen.

Welle um Welle kam, und jetzt war die Luft so von Licht durchtränkt, dass sie glitzerte. Und alle Lust und aller Glanz und alles Glück des Sommers lächelte rings um Abt Hans. Es war ihm, als könnte die Erde keine größere Freude bringen als die, die um ihn herum emporschoss, und er sagte zu sich selbst: „Jetzt weiß ich nicht, was die nächste Welle, die kommt, noch an Herrlichkeit bringen kann." Aber das Licht strömte immer weiter, und jetzt kam es Abt Hans so vor, als ob es etwas aus einer unendlichen Ferne mit sich führe. Er fühlte, wie überirdische Luft ihn umwehte, und er begann zitternd zu erwarten, es würde nun, nachdem die Freude der Erde gekommen war, des Himmels Herrlichkeit heraufziehen.

Abt Hans merkte, wie alles still wurde: Die Vögel verstummten, die jungen Füchse spielten nicht mehr, und die Blumen hörten auf zu wachsen. Die Seligkeit, die nahte, war von der Art, dass einem das Herz stillstehen wollte; das Auge weinte, ohne dass man es bemerkte, die Seele sehnte sich, in die Ewigkeit hinüberzufliegen. Von weither hörte man leise Harfentöne und überirdischer Gesang näherte sich wie ein rauschendes Wispern. Abt Hans faltete die Hände und sank in die Knie. Sein Gesicht strahlte von Seligkeit. Nie hatte er erwartet, dass es ihm vergönnt sein würde, schon in diesem Leben des Himmels Wonne zu kosten und die Engel Weihnachtslieder singen zu hören.

Aber neben Abt Hans stand der Laienbruder, der ihn begleitet hatte. Ihm gingen finstere Gedanken durch das Haupt. „Das kann nicht ein wahres Wunder sein, das, was sich bösen Übeltätern zeigt", dachte er. „Das kann nicht von Gott gekommen sein, sondern es ist dem Bösen entsprungen. Durch die böse List des Teufels ist es hierher gekommen. Es ist die Macht des bösen Feindes, die uns zwingt zu sehen, was es nicht gibt."

In der Ferne hörte man Engelsharfen klingen und den Gesang von Engeln tönen, doch der Laienbruder glaubte, es seien die Geister der Hölle, die sich näherten.

„Sie wollen uns verlocken und verführen", seufzte er, „niemals kommen wir heil hier heraus, wir werden betört und an den Abgrund verkauft."

Jetzt waren die Engelscharen so nahe, dass Abt Hans lichte Gestalten zwischen den Stämmen des Waldes schimmern sah. Und der Laienbruder sah dasselbe wie er, aber er dachte nur, welche Arglist darin läge, dass die bösen Geister ihre Künste gerade in der Nacht betrieben, in der der Heiland geboren war. Dies geschah ja nur, um die armen Menschen um so sicherer zu verführen.

Die ganze Zeit über hatten Vögel Abt Hans‘ Haupt umschwärmt, und er hatte sie zwischen seine Hände nehmen können. Aber vor dem Laienbruder hatten sich die Tiere gefürchtet. Kein Vogel hatte sich auf seine Schulter gesetzt, und keine Schlange spielte zu seinen Füßen. Nun war da eine kleine Waldtaube. Als sie bemerkte, dass die Engel nahe waren, nahm sie ihren Mut zusammen und flog dem Laienbruder auf die Schulter und schmiegte das Köpfchen an seine Wange. Da vermeinte er, dass der böse Feind nun in ihn hineinfahre, ihn in Versuchung zu führen und zu verderben. Er schlug mit der Hand nach der Waldtaube und rief mit lauter Stimme, so dass es durch den Wald hallte:

„Fahr du zur Hölle, aus der du gekommen bist!“

Gerade da waren die Engel so nahe, dass Abt Hans den Schlag ihrer mächtigen Fittiche empfand, und er neigte sich zur Erde, sie zu grüßen. Aber als die Worte des Laienbruders ertönten, da verstummte mit einem Mal ihr Gesang, und die heiligen Gäste wendeten sich zur Flucht. Und ebenso flohen das Licht und die milde Wärme in unsäglichem Schreck vor der Kälte und Finsternis in einem Menschenherzen. Die Dunkelheit sank auf die Erde hinab wie eine Decke, die Kälte kam, die Pflanzen auf dem Boden schrumpften zusammen, die Tiere liefen davon, das Rauschen der Wasserfälle verstummte, das Laub fiel von den Bäumen, prasselnd wie Regen.

Abt Hans fühlte, wie sein Herz, das eben vor Seligkeit gezittert hatte, sich jetzt in unsäglichem Schmerz zusammenkrampfte. „Niemals kann ich dies überleben“, dachte er, dass die Engel des Himmels mir so nahe waren und verjagt wurden, dass sie mir Weihnachtslieder singen wollten und in die Flucht getrieben wurden.“

In demselben Augenblick erinnerte er sich an die Blume, die er Bischof Absalon versprochen hatte, und er beugte sich zur Erde und tastete unter dem Moos und Laub, um sie noch im letzten Augenblick zu pflücken. Aber er fühlte, wie die Erde unter seinen Fingern gefror, und wie der weiße Schnee über den Boden geglitten kam. Da ward sein Herzeleid noch größer. Er konnte sich nicht erheben, sondern fiel zu Boden und blieb liegen.

Aber als die Räubersleute und der Laienbruder sich in der tiefen Dunkelheit zur Räuberhöhle zurück getastet hatten, da vermissten sie Abt Hans. Sie nahmen glühende Scheite aus dem Feuer und zogen aus, ihn zu suchen, und sie fanden ihn tot auf der Schneedecke liegen.

Und der Laienbruder fing an zu weinen und zu klagen, denn er erkannte, dass er es war, der Abt Hans getötet hatte, weil er ihm den Freudenbecher entrissen hatte, den zu leeren es ihn gedürstet hatte.

❀

Als Abt Hans nach Öved hinunter gebracht worden war, sahen die, die sich des Toten annahmen, dass er seine rechte Hand hart um etwas geschlossen hielt, was er im Augenblick des Todes umklammert haben musste. Und als sie die Hand endlich zu öffnen vermochten, fanden sie, dass das, was er mit solcher Stärke festhielt, ein paar weiße Wurzelknollen waren, die er aus Moos und Laub heraus gerissen hatte. Und als der Laienbruder, der Abt Hans begleitet hatte, diese Wurzeln sah, nahm er sie und pflanzte sie in des Abtes Garten in die Erde.

Er pflegte sie und wartete das ganze Jahr, dass eine Blume daraus erblühe, doch er wartete vergebens den ganzen Frühling und Sommer und Herbst. Als endlich der Winter anbrach und alle Blätter und Blumen tot waren, gab er keine Acht mehr darauf. Als aber der Weihnachtsabend kam, da überkam ihn die Erinnerung an Abt Hans so mächtig, dass er in den Garten hinausging, seiner zu gedenken. Und siehe, wie er nun an der Stelle vorbeikam, wo er die kahlen Wurzelknollen eingepflanzt hatte, da sah er, dass üppige grüne Stängel daraus emporgewachsen waren, die schöne Blüten mit silberweißen Blättern trugen.

Da rief er alle Mönche von Öved zusammen; und als sie sahen, dass diese Pflanze am Weihnachtsabend blühte, wo alle anderen Pflanzen tot waren, da erkannten sie, dass sie wirklich von Abt Hans aus dem Weihnachtslustgarten im Göinger Wald gepflückt war. Aber der Laienbruder bat die Mönche um Erlaubnis, einige von den Blumen dem Bischof Absalon bringen zu dürfen.

Als nun der Laienbruder vor Bischof Absalon trat, reichte er ihm die Blumen und sagte: „Dies schickt dir Abt Hans. Es sind die Blumen, die er dir aus dem Weihnachtslustgarten im Göinger Walde zu pflücken versprochen hat."

Und als Bischof Absalon die Blumen sah, die im dunklen Winter der Erde entsprossen waren, und als er die Worte hörte, wurde er so bleich, als wäre er einem Toten begegnet. Eine Weile saß er schweigend da, dann sagte er: „Abt Hans hat sein Wort gut gehalten; so will auch ich das meine halten." Und er ließ einen Freibrief für den wilden Räuber ausstellen, der von Jugend an friedlos im Walde gelebt hatte.

Er übergab dem Laienbruder den Brief, und dieser zog damit hinauf in den Wald und suchte die Räuberhöhle auf. Als er am Weihnachtstage dort eintrat, da trat ihm der Räuber mit erhobener Axt entgegen.

„Ich will euch Mönche niederhauen, so viele euer auch sind!" rief er. „Sicher hat sich wegen euch der Göinger Wald in dieser Nacht nicht in sein Weihnachtskleid gehüllt."

„Es ist einzig und allein meine Schuld," sagte der Laienbruder, „und ich will gerne dafür sterben. Aber zuerst muss ich dir eine Botschaft von Abt Hans bringen." Und er zog den Brief des Bischofs hervor und verkündete ihm, dass er nicht mehr friedlos sei. „Fortan sollst du mit deinen Kindern im Weihnachtsstroh spielen, und ihr sollt das Christfest unter den Menschen feiern, wie es der Wunsch des Abtes Hans war," sagte er. Da blieb der Räubervater stumm und bleich stehen, aber die Räubermutter sagte in seinem Namen: „Abt Hans hat sein Wort getreulich gehalten, so wird auch der Räubervater das seine halten." Doch als der Räubervater und die Räubermutter aus der Räuberhöhle fortzogen, da zog der Laienbruder dort ein und hauste einsam im Walde unter unablässigem Gebet, dass die Härte seine Herzens ihm vergeben werde.

Doch der Wald von Göinge hat nie mehr die Geburtsstunde des Heilands gefeiert, und von seiner ganzen Herrlichkeit lebt nur noch die Pflanze, die Abt Hans dereinst gepflückt hat. Man hat sie Christrose genannt, und jedes Jahr lässt sie ihre weißen Blüten und ihre grünen Stängel um die Weihnachtszeit aus dem Erdreich sprießen, als ob sie niemals vergessen könne, dass sie einst in dem großen Weihnachtslustgarten gewachsen war.

Helleborus niger

Helleborus niger
Vulgaris flore roseo.

1–5. Blüthe
6. Frucht
7. Blat
8. Würtzel

Gemeyne Schwartze-Nießwurtz.

Hellebori nigri vulgaris varietas.

1–6. Blüthe
7. Frücht
8. Saame
9. Blat
10. Würtzel

Eine Abweichung der gemeinen Schwartzen Nießwurtz.

Über die Legende

Wandel zwischen Mitternacht und Morgendämmerung

Eine tiefenpsychologische Deutung
von Silke Schlömp

Liebe Leserin, lieber Leser, Sie halten eine wahrhaft märchenhafte Erzählung in Ihren Händen. Die Autorin nennt sie „Legende“, vielleicht um den religiösen Hintergrund zu betonen. Legenden werden auch als geistliche Märchen verstanden.

Um eine kleine weiße Blume rankt sich wundersames Geschehen. Wir werden hineingeführt in Sommer und Winter, Liebe und Hass, Alter und Jugend, das Heilige und das Profane (Mircea Eliade), Licht und Dunkelheit, Werden und Vergehen. Die Dynamik dieser Polaritäten ist ein lebendiger Strom, in den wir mit hineingenommen werden. Ein weiteres Geheimnis der Schriftstellerin ist: Die Protagonisten berühren seelische Eigenschaften, die jedem von uns inne sind, die durch unser Gewordensein – mehr oder weniger bewusst – für unsere Persönlichkeit prägend wurden. Durch die beeindruckende, lebendige Bildsprache von Selma Lagerlöf können wir mit Hilfe tiefenpsychologischer Leitlinien den Prozess von Werden und Wandel nachvollziehen. Ich möchte diese beispielhaft an den Gestalten des Abtes und des Laienbruders anschaulich machen.

Liebesfähigkeit und Vertrauen in den Menschen beim Abt stehen in starkem Gegensatz zu Aggressionsbereitschaft und Misstrauen beim Gärtnergehilfen. Ihrer beider Grenzerfahrungen und ihr Umgang damit hat mich am stärksten berührt.

Was begegnet uns? Nach einem Vorspiel werden wir hineingeführt in eine ummauerte Klosteranlage, in deren hochsommerliche Gartenschönheit. Sie ist der geliebte Aufenthaltsort des Abtes. Üppiges Blühen, Bienensummen, ätherischer Kräuterduft erfüllen die flimmernde Luft, betörend für alle Sinne. Wer mag sich da nicht entzücken!

Nicht der Gärtnergehilfe. Er jätet Unkraut, eine monotone Gartentätigkeit. Diese wird unterbrochen durch den unerwünschten Besuch der

Räuberfrau mit ihren Kindern. Schon jetzt spüren wir: Hier steht ein Mensch vor uns, der mit deutlichen Abwehrmechanismen reagiert, wenn er sich seines Fehlens bewusst wird. Er hat die Grenze, symbolisch die Gartentür, zwischen der heiligen Klosterwelt und der profanen Außenwelt nicht geschützt. Das verbotene Eindringen des Weiblichen – hat es ihn irritiert? Wir können es vermuten. Er appelliert zunächst an die Mütterlichkeit der Räuberin, ihr uneingeschränktes Verstehen, kann aber nichts damit bewegen. Seine Hilflosigkeit wandelt sich jetzt in Ärger und Zorn. Rachegefühle melden sich, er greift zur körperlichen Macht, eine Möglichkeit, eigene Ohnmacht zu kompensieren. Er scheitert – ist zu schwach –, holt sich Hilfe, um die Frau aus dem Lustgarten zu entfernen, erntet erneut nur Verachtung. Eine schmerzhafte Erfahrung, er fühlt sich beschämt, nicht respektiert. Sicher nicht zum ersten Mal in seinem Leben.

In einem therapeutischen Prozess ist es für Klienten häufig sehr schwer, Schamgefühle zu bemerken – geschweige denn, sie in Sprache zu bringen. Es bedarf äußerster Behutsamkeit des Therapeuten, der Therapeutin, den Klienten oder die Klientin mit dieser eher hemmenden Seelenhaltung zur Selbstbesinnung zu bringen. „Scham und Schmach liegen eng bei einander, in seiner Schwäche gesehen zu werden, ist eine Einbuße an Selbstwertgefühl" (Mario Jacoby).

Das Hinzutreten des Abtes Johannes verändert den Verlauf der Ereignisse. Er entspannt die konfliktreiche Situation zum Wohle aller, ist und bleibt souverän, kann sich distanzieren, muss nicht verletzen, wird nicht das Opfer der Situation, handelt aus der Weisheit des Herzens. Ein tieferes Wissen um die Klosterregel „Führen ist Dienen" hat er verinnerlicht. C. G. Jung nennt die Grundstruktur, den Archetyp einer solchen Persönlichkeit den „Alten Weisen".

Weisheit können wir da erleben, wo deutlich wird: Dieser Mensch ist sich der Begrenzung der Lebenszeit bewusst, und er hat Akzeptanz erworben, hat durch persönliche Arbeit seine narzisstische Struktur wandeln können, die Verbundenheit allen Seins erkannt.

Zurück zum Geschehen: Der Abt gibt der Räuberfrau ihre Würde zurück, schenkt ihren Schilderungen von ihrem Weihnachtsgartenerleben im Wald von Göinge Glauben, leitet somit das Geschehen der hochsommerlichen Atmosphäre fort in die Winterzeit, in die Tiefe und Dunkelheit eines unwegsamen Waldes, hinein in die Felsenhöhle der Räuberfamilie. Müdigkeit, träumendes Dämmern überfällt alle, nur die Räuberfrau, die ich hier auch Erdenmutter nennen möchte, wacht. Ihre Erdverbundenheit lässt sie das herannahende heilige weihnachtliche Mitternachtsereignis spüren. Dank ihrer Wachsamkeit können alle daran teilnehmen. Große Lichtfülle in tiefdunkler Erdennacht, überirdischer Glanz, vielfältige Pflanzenpracht, bunt schimmernde Tierwelt sowie der Gesang himmlischer Wesen erfüllen die Herzen der Schauenden. Feierlichkeit, staunendes Schweigen ergreift alle – bis auf einen, den Laienbruder. Angst vor dem Unerklärlichen überschwemmt ihn aus der Tiefe seiner Seele, versperrt ihm den Zugang zu diesem Wunder, diesen heilsamen Bildern der Nacht.

Dieses uns schon bekannte Misstrauen, sein Minderwertigkeitsgefühl, weist die Erscheinungen dem Bösen, der Hölle zu. Sein verborgenes Böses entzaubert, zerstört die Bilder der Hoffnung in den Seelen der Andächtigen. Es ist ihm noch nicht gegeben, Leben zum Blühen zu bringen, zu erhalten. Er kann zwar Unkraut hacken; in seinem Innern jedoch wuchert es weiter und überträgt sich nach außen.

Der Abt erfährt durch die Ausbrüche des Laienbruders eine tiefe Störung seiner Sehnsuchtsgeste, dem Himmel nah zu sein, erschrickt zutiefst und erfährt den größten Wandlungsprozess des Menschen: den Tod. Im letzten Augenblick wird ihm und anderen seine Liebesfähigkeit zum Segen. Er erinnert sich – über sein Erschrecken hinaus – der Absprache mit dem Bischof, greift nach der Blume. Obwohl die Erde wieder erkaltet, gefroren ist, geschieht ein zweites Wunder! Die Räubersleute und der Laienbruder finden den Abt in der ersten Morgendämmerung mit einer Pflanzenwurzel in der Hand – ein Geheimnis.

Betrachten wir unser Leben unter dem Final-Aspekt (C. G. Jung) erkennen wir hier, wie verwoben unser Beziehungsfeld ist. Durch den Tod des Abtes entfaltet sich neues Wachstum in der Gegenwart, Vergangenes kann zukunftswirksam werden beim Laienbruder. Wie, erfahren wir später.

Der Gärtnergehilfe empfindet Schuld am Tod des von ihm verehrten Abtes. Er ist zutiefst erschrocken. Vielleicht ahnt er zum ersten Mal, wie verletzbar er und seine Mitmenschen im Verborgenen sind – auch im schützenden Kloster. Sein Hang, sich vor Verletzungen zu schützen, sein Gewaltpotenzial tritt in sein Bewusstsein, Spuren der Erkenntnis seiner selbst erhellen ihn. Bis zu diesem Zeitpunkt gehen wir davon aus, dass der Laienbruder keinen Zugang zu seinen Ich-Aktivitäten hatte, jetzt verändert sich unser Blick. Er verschreibt sich nicht der Macht des Bösen, läuft nicht davon, kommt in schwere innere Bedrängnis, heute würden wir es Krise nennen. Auch hier der Beginn von Werden und späterem Wandel. Häufig ist es ein unerwartetes Schicksalsereignis, das in eine Lebenskrise mündet, eine Erschütterung in uns auslöst, uns zu neuen, manchmal auch unliebsamen Entscheidungen führt. Gerade dann brauchen wir Menschen ein uns zugewandtes Gegenüber, das zuhören kann und bereit ist, unsere „Gefühle der Verlassenheit und Selbstentfremdung" (Katrin Asper) auf dem Wege unserer inneren Reifung einfühlsam zu verstehen und hoffentlich hilfreich zu begleiten.

Die Entdeckung des Unbewussten durch Sigmund Freud und seinen Schüler C. G. Jung erfuhr 1904 – als unsere Legende vermutlich geschrieben wurde – keineswegs allgemeine Anerkennung. In jenen Tagen beanspruchte die Kirche noch die alleinige Zuständigkeit für das seelische Leiden und die Erlösungshoffnungen der Menschen. Umso erstaunlicher, dass Selma Lagerlöf Aspekte der Tiefenpsychologie aufgreift.

Unser Laienbruder wird aktiv, bleibt seinem väterlichen Vorbild, dem Abt, treu, entwickelt Treue zu sich selbst, indem er Verantwortung für das Anliegen des Abtes übernimmt. Er pflanzt die Wurzel im Klostergarten ein und hofft sicher auf baldiges Erblühen. Doch diese Pflanze hütet ihr Geheimnis. So wie wir im Heranreifen unserer Persönlichkeit Langmut, Geduld und immerwährende innere Achtsamkeit brauchen, so ist es auch mit dem Wachstum dieser Pflanze in ihrer Einzigartigkeit. Das Interesse an ihrem Wachsen und Erblühen erlischt seitens des Laienbruders bald. Die Natur aber setzt sich als kosmische Kraft über sein mangelndes Vertrauen hinweg; sie ist weiser als er. Folgende Weihnacht bringt sie „in aller Stille und Absichtslosigkeit" die weiße Christrose hervor. Diese verstehe ich im Kontext der Erzählung als Symbol für Neubeginn und Heilsgeschehen. Wie wir sehen werden: Neubeginn für die Räuberfamilie, Neubeginn für den Laienbruder. In vorliegender Legende ein bedeutsamer Augenblick mit starker Ausdruckskraft.

Ich verweile hier für einen Moment, spüre dem Geschehen nach, erinnere mich an den freudigen Ausdruck im Gesicht eines Klienten, während er Erkenntnisgewinn für und Nähe zu sich selbst fand. Auch mir erging es so. Ein Glücksgefühl durchströmte uns, jetzt können weitere Schritte in der Selbstfindung gegangen werden. Etwas Neues öffnet sich und kann heilsam für das Seelenleben werden.

Ebenso bei Selma Lagerlöf. Die winterliche Schönheit der Blume ergreift den Laienbruder, sein Herz wird warm, er erinnert sich, erinnert sich der Absprache zwischen Abt und Bischof, trägt sie diesem erneut vor. Das Versprechen, die Räuberfamilie durch das Beibringen einer Blume als Beleg für die Heilige Nacht in Göinge aus dem Bann zu befreien, löst der Bischof ein. Seine Macht beziehungsweise seine Befugnis zu strafen wandelt sich in Milde. Er schenkt der Familie die Teilnahme an menschlicher Gemeinschaft. Die Auflösung der Verbannung gibt Raum für neu zu Erfahrenes, für lebendiges, selbstbestimmtes soziales Handeln. Möge ihnen die Loslösung von alten Gewohnheiten gelingen.

Die Erdenhöhle, die sie verlassen, wird Zuflucht für den Laienbruder. Er verlässt die Halt gebenden Regeln und schützenden Mauern des Klosters (Trennung), wagt Neues. Ein Durchbruch zu sich selbst. Er geht in das Schweigen, erhofft sich unter seinem Schuldbewusstsein die Erfahrung der heilenden Kraft Gottes, zumindest eine Annäherung, eine stärkere Harmonie zwischen Gott, Mensch und Natur. Warum sollte er sonst in die Einsamkeit gehen? Dort wird er auf seine Stimme im Inneren ungestört hinhören können (Introspektion), sich selbst bekannter werden.

Die vermutlich als umwälzend empfundenen Seelenerlebnisse, die zu Zerreißproben werden können – Vertrautes ist nicht mehr sicher – sind eine Wanderung im Dunkeln, symbolisch zu verstehen als Suche nach dem inneren Wesen, dem geistigen Seinsgrund in uns.

Seine Gebete, so sie denn wirklich Gebete sind, mögen Licht in seine Seelendunkelheit bringen! Vielleicht wird ihm im Verlauf seiner Abgeschiedenheit geschenkt, woran – frei nach Heinz Zahrnt – „sein Glaube hängt", nämlich aus einem Vertrauen zu leben, ohne Daseinssicherung, im Vertrauen auf die Erfahrung „Gott ist mir näher, als ich mir selbst bin. – Ich bin mit meiner Brüchigkeit ganz Mensch, bleibe unvollendet" (Martin Luther). Wenn wir uns mit dieser schwer zu erringenden, kostbaren Haltung anzunehmen lernen, werden wir dem Appell von Selma Lagerlöf nachkommen können, unseren Mitmenschen – hier dem Laienbruder – ohne (Vor-)Verurteilung zu begegnen. Können wir verzeihen, treten wir aus der Vereinzelung heraus. Bildhaft gesprochen: Die Christrose wächst in uns heran, befähigt uns zu mehr mitmenschlicher Gemeinsamkeit und Verantwortung – generationenübergreifend.

Vielleicht sind wir ihrem Geheimnis ein wenig näher gekommen. Mit Sicherheit hat dieses unser Leitsymbol noch weit mehr auszusagen. Jeder möge auf seine eigene Spurensuche gehen. Dazu lädt uns die Erzählung von Selma Lagerlöf ein.

Foto: Anna Ollson, Wikimedia.org

Selma Ottilia Lovisa Lagerlöf, 1881, 23 Jahre alt

Über Selma Lagerlöf, die Autorin

Foto: unknown, Wikimedia.org

Selma Lagerlöf, 1909

Selma Lagerlöf ist den meisten Menschen durch ihr Kinder- und Schulbuch *Die wunderbare Reise des kleinen Nils Holgersson mit den Wildgänsen* bekannt. Berühmt wurde die Autorin aber nicht nur durch dieses Buch. Sie war in vielerlei Hinsicht eine bemerkenswerte Frau: als Künstlerin, als erste weibliche Nobelpreisträgerin, als Frauenrechtlerin, Patronin, Grande Dame, nationale Ikone, Gutsherrin, Freidenkerin und als Frau, die sich Frauen verbunden fühlte. Ihre Werke zählen zur Weltliteratur.

Sie wurde am 20. November 1858 als Selma Ottilia Lovisa Lagerlöf auf dem elterlichen Gut Mårbacka im schwedischen Värmland geboren, wo sie am 16. März 1940 nach einem Schlaganfall auch starb. Zeitlebens fühlte sie sich eng mit ihrer Heimat verbunden und zog das Leben auf dem Land dem in der Stadt vor. Gleichzeitig war sie fasziniert von den Kulturangeboten in Stockholm und Kopenhagen. Mit ihrer Freundin Sophie Elkan unternahm sie weite Reisen durch Europa, den Nahen Osten und nach Jerusalem.

Selma Lagerlöf wurde zur Ehrendoktorin der Universität Uppsala ernannt und erhielt 1909 als erste Frau für ihren Roman *Gösta Berling* den Literaturnobelpreis – „auf Grund des edlen Idealismus, des Phantasiereichtums und der seelenvollen Darstellung, die ihre Dichtung prägen“, wie es in der Begründung hieß. 1914 wurde sie, ebenfalls als erste Frau, Mitglied der Schwedischen Akademie der Wissenschaften. 1932

Selma Lagerlöf, 1906, 48 Jahre alt

Foto: A. Blomberg, Wikimedia.org

verlieh ihr die Christian-Albrechts-Universität zu Kiel einen Ehrendoktor in Theologie für ihre literarischen Schilderungen religiösen Lebens.

Ihre Geschichten, Erzählungen, Legenden, Sagas und Romane wirken oft magisch-mystisch, wie auch die *Legende von der Christrose.* „Die Einfachheit und Reinheit, die Schönheit des Stils und die Kraft der Einbildung durchdringen sich völlig mit einem weiteren bemerkenswerten Zug ihres poetischen Genies: mit der moralischen Kraft und innerstem religiösen Gefühl", heißt es bei der Nobelpreisverleihung.

Selma Lagerlöfs Vater war der Leutnant Erik Gustaf Lagerlöf. Ihre Mutter stammte aus einer vermögenden Kaufmannsfamilie, die das Gut Mårbacka seit Generationen jeweils an die Töchter weitervererbt hatte. Selma war das zweitjüngste von fünf Geschwistern. Sie wurde mit einem Hüftleiden geboren, von dem ein leichtes Hinken zurückblieb, was möglicherweise der Grund dafür war, warum Selma Lagerlöf sich selbst oft als nicht schön beschrieb.

Als großes Unglück empfand sie den Verlust des Gutes ihrer Eltern. Der Vater war wegen der wirtschaftlich schlechten Lage der ländlichen Region an der Grenze zu Norwegen, durch eine Erkrankung und wegen seines hohen Alkoholkonsums – der angeblich als Mittel gegen die Krankheit notwendig war – nicht in der Lage, den Gutsbetrieb wirtschaftlich zu führen. Es musste 1890, nach dem Tod des Vaters, verkauft werden. Selma Lagerlöf strebte vermutlich auch deshalb schon früh ein selbstständiges Leben an.

Nach dem Besuch des Mädchengymnasiums in Stockholm machte sie bis 1885 eine Ausbildung zur Volksschullehrerin am Königlichen Höheren Lehrerinnenseminar in Stockholm und trat anschließend ihre erste Stelle in Landskrona im Süden Schwedens nahe der dänischen Hauptstadt Kopenhagen an. Dort schrieb sie ihren Roman *Gösta Berling,* der zunächst kein großer Erfolg war. Erst im Jahr 1895 konnte Selma Lagerlöf den Beruf als Lehrerin aufgeben und sich, zunächst unter bescheidenen Lebensumständen, ganz dem Schreiben widmen. Der Roman *Jerusalem,* der nach einer Reise in die Heilige Stadt entstand, brachte den endgültigen Durchbruch als Schriftstellerin. Der Erziehungs- und Entwicklungsroman *Die wunderbare Reise des kleinen Nils Holgersson mit den Wildgänsen* entstand im Auftrag des schwedischen Volksschullehrerverbandes und sollte in den Schulen als Lesebuch verwendet werden. Er erzählt die phantastische Geschichte eines vierzehnjährigen Jungen, der als Wich-

Foto: Ehrenberg Kommunikation, Flickr.com

Das Gutshaus Mårbacka im schwedischen Värmland war Geburtsort und Lebensmittelpunkt von Selma Lagerlöf. Heute ist es als Museum eine der am meisten besuchten Sehenswürdigkeiten Schwedens.

telmännchen gemeinsam mit Wildgänsen durch ganz Schweden reist. Dabei werden die einzelnen Landschaften in Form von Sagen und Märchen vorgestellt und Informationen über die damalige wirtschaftliche und soziale Entwicklung Schwedens vermittelt. Das Buch wurde in mehr als 30 Sprachen übersetzt.

Andere Werke von Selma Lagerlöf sind *Liljecronas Heim* von 1911 und *Der Kaiser von Portugallien* von 1914. *Der Fuhrmann des Todes* von 1912 entstand im Auftrag der „Schwedischen Vereinigung zur Bekämpfung der Tuberkulose". Das Buch sollte über die Krankheit aufklären, an der Selma Lagerlöf ein persönliches Interesse hatte: Ihre ältere Schwester Anna war jung an Tuberkulose gestorben. Das Buch diente später als Vorlage für den gleichnamigen Stummfilm aus dem Jahr 1921 von Victor Sjöström. Der Regisseur und Schauspieler gilt als Vater des schwedischen Kinos. Er hatte wesentlichen Einfluss auf die Arbeit von Ingmar Bergmann, der als Regisseur unter anderem von *Wilde Erdbeeren* (1957), *Szenen einer Ehe* (1973) und *Sarabande* (2003) weltberühmt wurde. Selma Lagerlöfs letztes großes Romanprojekt war die 1925 bis 1928 erschienene Trilogie *Die Löwenskölds,* die Geschichte eines schicksalhaften Fluches, der sich über Generationen fortsetzt. Anlässlich ihres 75. Todestages hat Holger Wolandt auf der Grundlage privater Briefe ein umfassendes Portrait geschrieben, in dem die starke, unkonventionelle Persönlichkeit der Autorin und ihr intensives Interesse am Zeitgeschehen deutlich werden.

Selma Lagerlöf war nicht verheiratet. Bis zum Ende ihres Lebens war sie eng befreundet mit Sophie Elkan und Valborg Olander. Beiden versicherte sie ihre Liebe. Mit Sophie Elkan unternahm sie viele Reisen, und Valborg Olander half ihr beim Redigieren, Kopieren und bei der Korrespondenz. Ihr gegenüber sprach sie offen von der Sehnsucht nach körperlicher Zärtlichkeit, freute sich über ihre Liebesbriefe und nannte ihre Freundin eine „richtige Schriftsteller-Ehefrau". Aus den privaten Briefen geht hervor, dass die beiden Freundinnen offenbar eifersüchtig aufeinander waren.

Durch ihre erfolgreiche schriftstellerische Arbeit und das Nobelpreisgeld war Selma Lagerlöf nicht nur in der Lage, das Gutshaus Mårbacka zurückzukaufen, sie konnte die Landfläche durch Zukäufe sogar verdoppeln. Das aus den 1790er Jahren stammende Haus des Urgroßvaters war ursprünglich ein schlichter Holzbau in der typischen roten Farbe der Bauernhäuser. Selma Lagerlöf baute das Haus zu Beginn der Zwanziger-

Foto: Atelje Jaeger, Wikimedia.org

Selma Lagerlöf, 1928, 70 Jahre alt

jahre zu einem repräsentativen Herrenhaus in historisierendem Stil um. Auf ihrem Gut betrieb sie Landwirtschaft und eine Fabrik zur Produktion von Hafermehl. Gleichzeitig besaß sie eine kleine Villa in Falun, wo sie bis zur endgültigen Fertigstellung des Gutshauses ihren Lebensmittelpunkt hatte. Heute ist das Gut Mårbacka ein Museum und eine der meistbesuchten Sehenswürdigkeiten in Schweden.

Selma Lagerlöf war eine sozial engagierte Frau. Als sie gebeten wurde, einen sechsjährigen Jungen aufzunehmen, der zufällig genauso hieß wie ihre berühmte Romanfigur, nämlich Nils Holgersson, sagte sie zu. Gern hätte sie den Jungen zu einem intellektuell gebildeten Menschen und potenziellen Erben von Mårbacka erzogen. Aber Nils Holgersson hatte andere Pläne. Er wurde Bauarbeiter, wanderte nach Amerika aus und war in Chicago am Bau vieler Wolkenkratzer beteiligt.

Selma Lagerlöf war ihrer Zeit weit voraus und interessierte sich besonders für Frauenfragen. Ihre Rede anlässlich des internationalen Frauenkongresses in Stockholm 1911 erhielt viel Aufmerksamkeit. Darin ging es um die Gegenüberstellung typisch männlicher und typisch weiblicher Aufgaben: Die Frau sorge im Haus für Frieden und Geborgenheit, während der Mann den Staat durch Macht und Gewalt präge. Bemerkenswertes Detail: Die Rednerin war zwar eine weltbekannte Frau, Nobelpreisträgerin und Gutsbesitzerin, hatte aber kein Wahlrecht. Das Wahlrecht für Frauen wurde in Schweden erst 1921 eingeführt, nach Deutschland, wo es Frauen 1918 zugestanden wurde, in Finnland galt es bereits seit 1906 und in Dänemark seit 1915.

Die Heimatbezogenheit und tiefe regionale Verwurzelung von Selma Lagerlöf wecken bei deutschen Lesern möglicherweise Assoziationen mit der nationalsozialistischen Blut-und-Boden-Ideologie. Tatsächlich gibt es aber keinerlei Berührungen, im Gegenteil: Der freie Geist der Autorin war stark ausgeprägt. Sie beteiligte sich 1933 an einem Komitee zur Rettung jüdischer Flüchtlinge aus Deutschland und half 1940 der deutsch-jüdischen Schriftstellerin Nelly Sachs, nach Schweden zu fliehen.

In ihrer Heimatgemeinde Östra Ämtervik saß Selma Lagerlöf im Gemeinderat und war Mitglied der Armenverwaltung. Sie erhielt zahlreiche Bitt- und Bettelbriefe aus dem In- und Ausland, die sie immer beantwortete. Sie half, wenn es möglich war, und schickte oft Geldbeträge. In den Jahren der Weltwirtschaftskrise kümmerte sie sich um ihre Gutsarbeiter und deren Familien, zahlte ihnen oft mehr, als für die Wirtschaftlichkeit des Gutes vernünftig gewesen wäre, und entließ keine Arbeiter, sondern stellte neue ein. Sie spendete sogar ihre Nobelpreis-Medaille aus Gold, um Finnland während des Winterkrieges 1939 finanziell zu unterstützen.

Die Themen, mit denen Selma Lagerlöf sich befasste, berühren ein weites Feld und nehmen Strömungen auf, die damals in Europa in der Luft lagen. Die Autorin hatte ein feines Gespür für Veränderungen und eine genaue, unbestechliche Beobachtungsgabe. Sie interessierte sich besonders für seelische Vorgänge, noch bevor daraus später und an anderem Ort eine Wissenschaft wurde. Sigmund Freud, der Begründer der Psychoanalyse, schrieb 1910 sein Werk *Über Psychoanalyse* und 1913 seinen Aufsatz *Totem und Tabu* – just in der Zeit, in der Selma Lagerlöf den Nobelpreis erhielt. In ihren Werken beschreibt Selma Lagerlöf die Seelenzustände ihrer Figuren feinsinnig und zeichnet dabei Charaktere und Persönlichkeitsentwicklungen nach, die zur gleichen Zeit Eingang in die psychologische Fachliteratur finden. Die Autorin entwickelt eine eigene Art, diese Themen literarisch zu verwenden und zu bearbeiten.

Ein wichtiges Motiv in ihrem Werk ist das Thema Schuld und die Notwendigkeit von Sühne. Auch die versöhnende und erlösende Kraft der Liebe ist ein wiederkehrendes Motiv. Oft geht es um archetypische Erfahrungen wie Geburt, Kindheit, Pubertät, Wandlung und Tod, aber auch um religiöse Erfahrungen und die Gegensätze weiblich und männlich oder alt und jung. Das tiefenpsychologische Konzept der Archetypen geht auf den Schweizer Carl Gustav Jung (1875–1961) zurück, der die Analytische Psychologie begründete und ein Zeitgenosse Selma Lagerlöfs war. *Die Legende von der Christrose* eignet sich mit ihrer reichen Symbolik besonders gut für eine Deutung aus tiefenpsychologischer Sicht.

Die Romane und Erzählungen von Selma Lagerlöf wirken oft, als seien sie wie alte Märchen in einer mündlichen Erzähltradition geschrieben. Doch die Autorin hat diesen Stil konsequent und selbstbewusst weiterentwickelt und aus mehreren in sich geschlossenen Geschichten einen übergeordneten Gesamtzusammenhang gebildet. Ein Vergleich ihrer Literatur mit privaten Äußerungen in ihren Briefen zeigt, wie kunstvoll ihre Sprache ist. Indem sie auf überliefertes Material zurückgriff und es in Verbindung mit den aktuellen Fragen ihrer Zeit brachte, wie sozialen Umwälzungen, Armut oder den traditionellen Geschlechterrollen, erschloss sie eine völlig neue Herangehensweise, die bis heute modern wirkt.

Foto: unbekannt, Wikimedia.org

Helleborus viridis.

Helleborus niger styriacus flore viridi major.

1–5. Blüthe
6. Frucht
7. Blat
8. Würtzel

Große Steürische schwartze Nießwurtz mit grüner Blüthe

Über Marie Franzos, die Übersetzerin

Foto: unbekannt, Stadt Wien

Marie Franzos

Die Übersetzung des Werks von Selma Lagerlöff gehört zu den bekanntesten Arbeiten von Marie Franzos, die am 17. September 1873 in Wien geboren wurde. Sie wohnte ihr ganzes Leben lang in der österreichischen Hauptstadt in der Gumpendorfer Straße 25. An der Damenakademie in Wien absolvierte sie die französische Staatsprüfung und erlernte Italienisch, Spanisch, Dänisch und Schwedisch überwiegend autodidaktisch. Viele ihre Arbeiten lieferte sie unter dem Pseudonym Francis Maro ab. Sie übertrug Werke aus dem Schwedischen, Norwegischen, Dänischen, Italienischen, Spanischen und Englischen ins Deutsche, veranstaltete literarische Konferenzen und erhielt vom König von Schweden die goldene Medaille Litteris et Artibus.

Die österreichische Metropole war zu Beginn des vergangenen Jahrhunderts ein lebhafter Treffpunkt für Künstler und Intellektuelle. Marie Franzos führte einen umfangreichen Briefwechsel mit Schriftstellern und bekannten Persönlichkeiten der Zeit, darunter Hugo von Hofmannsthal, Sven Hedin, Theodor Herzl, Ellen Key, Thomas Mann, Heinrich Mann, Oscar Wilde und Stefan Zweig. Mit einigen hatte sie über Jahre oder sogar Jahrzehnte schriftlichen Kontakt, andere besuchte sie auch oder wurde von ihnen in Wien besucht.

Der Erste Weltkrieg brachte wegen der Zensur drastische Einschnitte mit sich. Briefe gingen verloren oder kamen erst mit großer Verspätung an ihr Ziel. Die Briefe von Marie Franzos zeigen, wie sehr sich die politischen und gesellschaftlichen Rahmenbedingungen auf ihre Arbeit und die ihrer Kolleginnen und Kollegen auswirkten. Marie Franzos beschaffte sich ihre Aufträge überwiegend selbst, was ihr wegen ihrer großen Bekanntheit lange Zeit gut gelang. Sie handelte selbstständig und eigenhändig für jedes einzelne Projekt neue Verträge aus. Mit den Autorinnen und Autoren verstand sie sich außerordentlich gut und bearbeitete oft mehrere Aufträge gleichzeitig. Es gab aber auch Misserfolge und Absagen, die der auf sich selbst gestellten, alleinstehenden Frau große Probleme bereiteten. Beispielsweise lehnte der Verleger Albert Langen 1938 ein Manuskript mit den Worten ab, dass „der Inhalt dieses Bandes, der ja zweifellos ein paar schöne Erzählungen enthält, daneben aber doch allerhand, was man nur als Zeitungs-Feuilleton bezeichnen kann, doch zu buntscheckig und ungleichartig erscheint, um als würdige Gabe zum 80. Geburtstag der Dichterin [Selma Lagerlöf] herausgebracht werden zu können".

Viele Schwierigkeiten, mit denen Marie Franzos zu kämpfen hatte, hingen damit zusammen, dass sie unverheiratet und jüdischer Herkunft war. Der Tod ihrer Mutter im Jahr 1932 bereitete ihr großen Kummer, und mit dem Aufkommen des Nationalsozialismus wurden ihre beruflichen Möglichkeiten immer stärker eingeschränkt, so dass ihr Leben zunehmend auch durch finanzielle Probleme belastet wurde.

Über Albert Langen, den Verleger

Foto: unbekannt, Wikimedia.org

Albert Langen, deutscher Verleger und Gründer der satirischen Zeitschrift Simplicissimus

Selma Lagerlöf unterhielt wegen der Veröffentlichung ihrer Werke Kontakte in ganz Europa. Ihre Bücher wurden in viele Sprachen übersetzt und erschienen in vielen Ländern. In Deutschland war Albert Langen ihr Verleger.

Albert Langen wurde am 8. Juli 1869 geboren und kam aus einer großbürgerlichen Industriellenfamilie. Er verbrachte seine Kinder- und Jugendjahre in Antwerpen, zog 1890 nach Paris, lernte Künstler und Schriftsteller kennen und gründete dort den Buch & Kunst-Verlag – zunächst nur, um ein einziges Buch herauszubringen, *Mysterien* von Knut Hamsun. Der S. Fischer Verlag hatte das Buch zuvor abgelehnt, was für Albert Langen gerade der Grund war, es auszuwählen. Gleich danach siedelte der Verlag zunächst nach Leipzig und bald darauf nach München um. Der Verlag hatte skandinavische Autoren im Programm, später auch zeitgenössische französische und deutsche Literatur.

Langen heiratete 1896 die Norwegerin Dagny Bjørnson, im selben Jahr erschien die erste Nummer der später berühmten Illustrierten Wochenschrift *Simplicissimus*. Wegen ihrer kritischen Stellungnahmen wurde sie mehrmals beschlagnahmt und in Deutschland und Österreich vorübergehend mit Verkaufsverboten belegt. Der Verlag veröffentliche die Werke bekannter Autoren, darunter Heinrich und Henrik Ibsen. Eine Zeit lang lektorierte Thomas Mann Manuskripte für den *Simplicissimus.*

Eine Anklage wegen Majestätsbeleidigung gegen zwei Autoren zwang Langen als verantwortlichen Redakteur 1898 zur Flucht in die Schweiz, später nach Paris. Die Geschäfte führte er aus der Ferne weiter, während der aus Lettland stammende Prokurist Korfiz Holm die Angelegenheiten vor Ort regelte. Erst 1903, nach viereinhalb Jahren Exil, wurde Albert Langen von König Georg von Sachsen gegen Zahlung einer „Bezeigungssumme" von 20.000 Mark begnadigt. Bis 1904 hatte der Verlag 389 Werke von 117 Autoren herausgegeben. Der *Simplicissimus* wurde in eine GmbH überführt, was Langen Zeit für sein nächstes Projekt verschaffte, die Herausgabe einer Halbmonatsschrift *März.*

1906 trennte Albert Langen sich wegen seiner neuen Lebenspartnerin, Josephine Rensch, von seiner Frau, die mit den zwei Kindern in Paris blieb. Nur drei Jahre später starb er knapp vierzigjährig in München an einer Mittelohrentzündung – in dem Jahr, in dem Selma Lagerlöf mit der Verleihung des Nobelpreises den Höhepunkt ihrer Laufbahn erreichte. Bis dahin hatte er unter schwierigen finanziellen Bedingungen einen respektablen Verlag aufgebaut, dessen Besonderheit die Verbindung der Buchproduktion mit der Publikation von Zeitschriften war. Albert Langen war eine Verlegerpersönlichkeit, bei der der kulturpolitische Auftrag Vorrang vor ökonomischen Überlegungen hatte.

Nach Albert Langens Tod übernahmen Kuratoren und langjährige Mitarbeiter den Verlag, der 1932 mit dem Georg Müller Verlag zum Langen Müller Verlag fusionierte. Heute firmieren die Buchverlage Langen Müller, Herbig, Nymphenburger und Terra Magica unter dem Namen F. A. Herbig Verlagsbuchhandlung GmbH in München.

Helleborus niger.

Helleborus niger flore roseo Styriacus.

1–4. Blüthe
5. 6. Frücht
7. Blat
8. Würtzel

Steÿrische schwartze Nießwurtz.

Helleborus viridis:

Helleborus niger Styriacus flore viridi minor.

1. 2. Blüthe
3. Frucht
4. Saame
5-7. Blät
8. Würtzel

Steÿrische schwartze Nieswurtz mit grüner Blüthe Kleine Art.

Allerlei Wissenswertes

Über eine Blume im Winter

Wer sich etwas eingehender mit der Christrose beschäftigt und sich auf die Suche nach Informationen macht, stößt auf erstaunlich unterschiedliche Betrachtungen dieser äußerlich eher unauffälligen Pflanze. Schon seit Jahrhunderten fasziniert sie die Menschen, regt den Geist zu Forschungen und die Fantasie zu weiten Ausflügen an. Darin spiegelt sich die Wahrnehmung der Menschen, zeigen sich Fülle und Vielfalt der Natur und des Lebens.

Diese Blume hat die Gemüter bewegt und weckt bis heute ein breites Interesse. Das reicht von der ersten schriftlichen Erwähnung in der Antike über abenteuerliche Erkundungen und Versuche durch die Altvorderen der Wissenschaft im Mittelalter bis hin zu Untersuchungen mit modernen Methoden in der Gegenwart. Die Christrose wurde in der Biologie und Pharmazie erforscht, Mediziner ergründeten ihre Wirkung auf den Körper, Geistliche sowie Hirnforscher auf die Seele, und Historiker beleuchteten ihre Vergangenheit. Die Christrose fand Eingang in die Literatur, regte zu rätselhaften Erzählungen und Sagen an, beflügelte Dichter und Denker, Musiker, Mystiker und Magier.

Selma Lagerlöf kannte oder spürte viele dieser Aspekte. Mit ihrer Legende fand sie für diesen vielgestaltigen, fantastischen Stoff eine verdichtete Form, mit der sie ihre Leser berührt. Das ist der Grund, weshalb dieses Buch neben der Legende auch zahlreiche ergänzende Informationen enthält. Sie sollen dazu dienen, eine Verbindung herzustellen zu dem, was der Leser bereits weiß, was er nur ahnt oder fühlt und was er denkt. Die außerordentliche Tiefe und Symbolik der – oberflächlich betrachtet – einfachen Legende wird damit auf eine zusätzliche Weise deutlich.

Helleborus viridis.

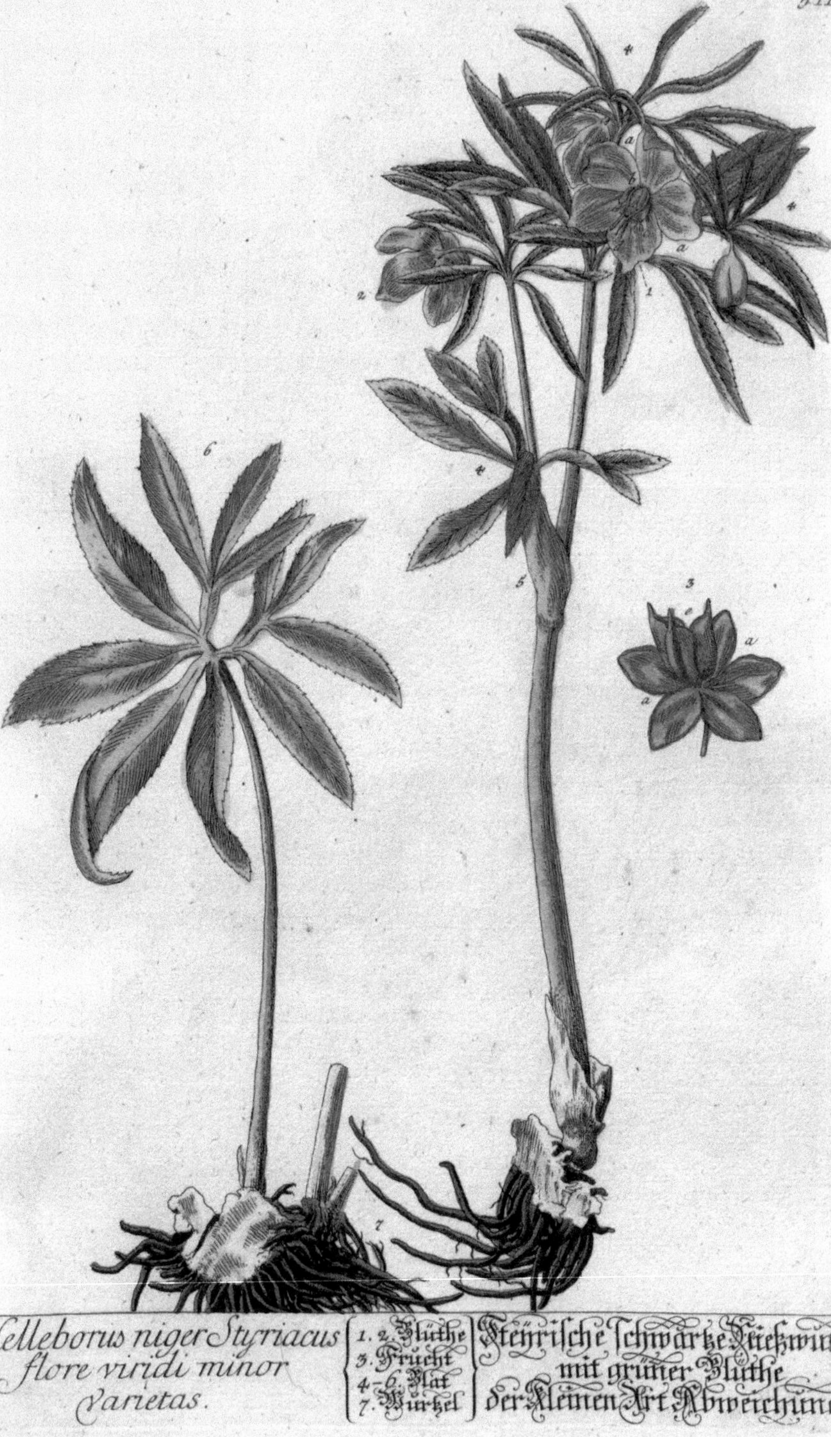

Helleborus niger Styriacus flore viridi minor Varietas.

1. 2. Blüthe
3. Frücht
4–6. Blat
7. Würtzel

Steÿrische schwartze Nießwurtz mit grüner Blüthe der kleinen Art Abweichung.

Biologisches und Heilkundliches

Die Christrose: eine heimische Pflanze in der freien Natur und in Gärten

Die Christrose erfährt besondere Aufmerksamkeit wegen ihrer sehr frühen Blütezeit, meistens noch mitten im Winter. Ihr botanischer Name lautet Helleborus niger. Helleborus bezeichnet die Gattung Nieswurz und niger bezieht sich auf das schwarze Rhizom, die unterirdischen Sprossen dieser Pflanzenart. Auch Giersch, Buschwindröschen oder Maiglöckchen bilden Rhizome aus. Die Pflanze gehört zur Familie der Hahnenfußgewächse. Der deutsche Name Schwarze Nieswurz verweist auf das schwarze Rhizom und auf die Verwendung als Niespulver: Die zerriebenen Wurzeln haben einen unangenehm beißenden und reizenden Geruch.

Zur Weihnachtszeit bieten in Deutschland viele Blumengeschäfte auf diesen Zeitpunkt vorgezogene, blühende Christrosen in Töpfen an, die man später in den Garten pflanzen kann. Von dort verwildern die Pflanzen gelegentlich, in der freien Natur sind sie in Deutschland jedoch nur im Berchtesgadener Land zu finden. Die Christrose gilt nach der Roten Liste Deutschland als gefährdet und steht streng unter Schutz. Häufiger kommt sie in Österreich und Slowenien vor. In ganz Mitteleuropa gedeiht die Pflanze aber an geeigneten Stellen in Gärten. Als Gartenpflanze wird die Christrose bereits seit dem 16. Jahrhundert erwähnt, auch weil sie schon früh Bedeutung als Heilpflanze erlangte. Ab dem 19. Jahrhundert sind Zuchtsorten mit größeren Blüten, einem reichlicheren Blütenansatz und – durch Einkreuzung der in der Türkei beheimateten Orientalischen Nieswurz – bunte Sorten entstanden (siehe Seite 13).

Unter guten Wachstumsbedingungen bildet die Christrose größere Gruppen, kann bis zu 25 Jahre alt werden und erreicht als immergrüne Pflanze eine Wuchshöhe von 15 bis 30 Zentimetern. Die Blütezeit reicht je nach Witterung und Standort vom Spätherbst bis zum Frühjahr. Sie bevorzugt die Nähe schattiger Laub- und Tannenwälder und frische, kalkhaltige Böden. Die Blüte ist sternförmig und zu Beginn leuchtend weiß, später wandelt sich die Farbe in ein zartes Rosa oder wird rötlich. Im Inneren sitzen gelbliche Nektarblätter. Da bestäubende Blütenbesucher wie Bienen oder Hummeln zu ihrer Blütezeit nicht vorkommen, bestäubt sich die Pflanze selbst. Nach dem Abblühen bleiben die grünen oder rötlichen Blütenhüllblätter erhalten.

Achtung: Die Christrose ist wie alle Nieswurze giftig!

Die in der Pflanze enthaltenen Inhaltsstoffe Saponine und Protoanemonin sowie starke Herzgifte wie Helleborin und Steroidsaponin Hellebrin wirken ähnlich wie das Gift des Fingerhuts. Alle Pflanzenteile sind giftig, aber die stärkste Konzentration findet sich in den unterirdischen Sprossen, weshalb Vergiftungen durch Christrosen eher selten sind. Die Vergiftungssymptome sind je nach Dosis Schwindel, Schluckbeschwerden, erhöhter Speichelfluss, Erbrechen, Durchfall, Koliken, Kreislaufzusammenbruch und Lähmungen.

Schon vor Beginn unserer Zeitrechnung wurde die Pflanze sehr geschätzt – und zwar als Mittel gegen Wahnsinn und Epilepsie. In der Antike ging man davon aus, dass psychische Erkrankungen durch einen Überschuss an schwarzer, bitterer Galle entstehen und Niesen dagegen die beste Abhilfe schafft. Die abführende Wirkung sollte Nierenschmerzen, Harnstau, Wassereinlagerungen, Bauchschmerzen und Lähmungserscheinungen lindern sowie Erbrechen herbeiführen. Ferner sollte die Wurzel, in die Ohren gesteckt, Schwerhörigkeit heilen. Die desinfizierende Wirkung sei nach antiken Autoren bei Hautkrankheiten, Zahnschmerzen und Hausputz angezeigt.

Vor der Giftigkeit des Helleborus müsse man sich vor allem beim Ausgraben hüten. Der Sammler solle vorher zu seinem Schutz Wein und Knoblauch zu sich nehmen und zu Apoll und Asklepios beten. Außerdem müsse der Flug des Adlers beobachtet werden, da sich dieser als Todesbote einfinde, wenn er das Sammeln der Rhizome beobachte. Die in der Antike beschriebene Pflanze war vermutlich nicht die Christrose, die auch als Schwarze Nieswurz bezeichnet wird, sondern eine verwandte Art. Die uns bekannte Christrose ist in der südlichen Mittelmeerregion gar nicht heimisch. Übrigens schreibt Selma Lagerlöf in ihrer Legende entgegen der Tatsache, dass die Christrose ein schwarzes Rhizom ausbildet, dass es „ein paar weiße Wurzelknollen waren, die er [der Abt] aus Moos und Laub hervorgerissen“ hat (vergleiche Seite 28).

Die reinigende Wirkung der Nieswurz findet sich bereits in den Lehren des berühmtesten Arztes des Altertums, Hippokrates von Kos. Die Beherrschung des giftigen Helleborus war ausgewiesenen Reinigungspriestern vorbehalten. Nach geheimen Riten sollte die Pflanze innere „Befleckung“ an sich ziehen und nach außen befördern. Zauberpapyri gingen von einer ähnlich magischen Wirkung aus: Neben Krankheiten sollten auch böse Geister und Dämonen ausgeniest werden. Schwermütige sollten die Wurzel zusätzlich um den Hals tragen. Nach Plinius (23 / 24 bis 79 n. Chr.) kann die Verabreichung von Nieswurz zur Schärfung der Sinne und des Verstandes beitragen.

Im Mittelalter waren die verschiedenen Arten der Nieswurz als Heilpflanzen bekannt und wurden zum Beispiel von Hildegard von Bingen erwähnt. Die „Christwurzel“ diente bei der Behandlung von Pestbeulen als Ableitungsmittel durch provozierte Eiterung – vergleichbar dem Schelmenstechen, das auf Seite 70 beschrieben wird. Die „Hühnerwurz“ bewirke außerdem, dass Hühner keine Eier mehr legen. Kräuterbücher wiesen im 16. und 17. Jahrhundert auf die Giftigkeit und die Gefahr einer Überdosierung hin:

Drei Tropfen machen rot,
10 Tropfen machen tot.

In der Neuzeit war die zerstoßene Wurzel als Heilmittel trotz aller Nebenwirkungen weiterhin beliebt und wurde auch bei Menstruationsbeschwerden und Fieberkrämpfen empfohlen, ferner bei Ablagerungen und Steinbildung in Adern und Organen sowie zur Entwurmung. Eine äußerlich aufgebrachte Tinktur heile Hautkrankheiten wie Flechten, desinfiziere Wunden und töte Ungeziefer, vor allem Läuse. Glücklicherweise fehlte auch der warnende Hinweis nicht, dass die Anwendung bei Schwangeren zum Schutz des Ungeborenen unbedingt unterbleiben müsse.

a. Helleborine ferruginea foliacea.
b. Helleborine flore rubro.
c. Helleborine minor flore albo.
d. Helleborus albus flore subviridi
e. Helleborus albus flore atro rubente, Helleboire blanc,
Weisse Nießwurtz.

a) Serapias latifolia
b. — rubra grandiflora, flore rubro & albo
d. Veratrum album
e. — nigrum

Geschichtliches und Geistliches

Für die Urväter der Biologie stellte die Unterscheidung der vielen verschiedenen Pflanzenarten ein kaum lösbares Problem dar. Sie sammelten, konservierten und katalogisierten ihre Funde und begründeten auf diese Weise die Botanik. Viele ihrer naturgetreuen Zeichnungen und Beschreibungen sind noch heute in den wunderschönen alten Büchern der Regensburger Universitätsbibliothek zu bestaunen. Ein paar davon sind in diesem Buch abgebildet. Die individuellen Blatt- und Blütenformen, deren typische Stellung und Anordnung sowie charakteristische Wurzel- und Knollenformationen sind sorgfältig dargestellt. Sogar welke Blätter oder Schädlingsfraß sind abgebildet und vermitteln einen realistischen Eindruck. Die überlieferten Aquarelle, Kupferstiche, Holzschnitte, Zeichnungen, Malereien und Radierungen sowie die vielfachen Bezeichnungen und Beschreibungen sind wahre Kunstwerke – aber sie sind nicht immer eindeutig und widersprechen sich sogar gelegentlich. Für Hieronymus Bock (1498–1554) waren die Vielfalt und Varianz der Pflanzen und die damit verbundene Schwierigkeit, sie eindeutig zuzuordnen, der Beweis für die Unendlichkeit der Schöpfung.

Um die Christrose ranken sich viele Legenden, die über lange Zeit nur mündlich überliefert wurden.

Die blühende Christrose in der dunklen, kalten Winterzeit war in allen Zeiten ein Symbol für Hoffnung und Freude. Sie steht für die Gewissheit, dass auch in einer lebensfeindlichen Welt immer wieder wunderbare Wandlungen möglich sind.

Eine Legende aus dem frühen Christentum handelt vom Heiligen Martin, der sich während seines Exils auf die Insel Gallinaria bei Genua zurückgezogen hatte. Dort lebte er asketisch von Wurzeln, die ihm die Natur bot. Versehentlich verzehrte er die giftigen Helleboruswurzeln. Die Vergiftungserscheinungen überwand er der Legende nach durch die Kraft des Gebetes. Eine andere Legende ähnelt der des Weihnachtssterns. Danach machte sich ein Hirte auf den Weg nach Bethlehem zum Christuskind und war betrübt, dass er zu arm war, um ein Geschenk mitzubringen. Weil es Winter war, fand er noch nicht einmal Blumen, die er hätte verschenken können. Als er deshalb weinte, verwandelten sich seine Tränen auf der Erde in Christrosen.

Eine weitere Legende berichtet, dass die Strahlen des Sterns von Bethlehem, der den Sterndeutern den Weg zum Jesuskind zeigte, überall dort, wo sie die Erde berührten, eine Blume wachsen ließen mit großer, weißer Blüte und dunkelgrünen Blättern – die Christrose.

Eine weitere Geschichte erzählt davon, wie die Tochter eines Germanenfürsten ihren Vater zum christlichen Glauben bekehrte. Der Vater lehnte den Glauben an einen göttlichen König ab, der sich freiwillig ans Kreuz schlagen ließ. Er wehrte sich gegen alle Bekehrungsversuche und sagte: „Ehe ich mich dem Christengott beugte und unterm Kreuze sollte knien, müssten vor meinen Augen die Rosen unterm Schnee erblühn." In der Nacht schenkte ein Engel der Tochter Christrosen, die diese unter dem Fenster des schlafenden Vaters einpflanzte. Als der Fürst am nächsten Morgen aufwachte und die Christrosen sah, ließ er sich zum Christentum bekehren.

Sprachliches und Literarisches

Sprache ist verräterisch – im allerbesten Sinne. Sie vermittelt Zusammenhänge über den vordergründigen Wortsinn hinaus. Dabei gibt es von Region zu Region große Unterschiede im Gebrauch einzelner Wörter oder Namen. Sie erzählen manchmal eine ganze Geschichte und offenbaren gelegentlich einen wenig unbekannten Hintergrund.

Auch die Bezeichnungen für die Christrose, eine Pflanze, die viele Menschen unter anderem Namen kennen, zum Beispiel als Schneerose oder Weihnachtsrose, vermitteln zusätzliche Informationen. Der deutsche Pflanzenname lautet Schwarze Nieswurz und beschreibt ganz bildhaft die schwarzen Wurzeln, die zum Niesen reizen. Die Herkunft des griechischen Wortes Helleboros in ihrem botanischen Namen Helleboros niger ist nicht geklärt. Meist werden die Giftigkeit der Pflanze oder das Flüsschen Helleboros als Namensgeber genannt. Niger bedeutet schwarz und bezieht sich wie im deutschen Namen auf die schwarzen Wurzeln.

Der volkstümliche Name Schneerose bezieht sich auf die ungewöhnlich frühe Blütezeit. Die Bezeichnung Christrose weist hingegen auf die Tradition hin, die Pflanze so zu kultivieren, dass sich die Blüten zur Weihnachtszeit öffnen. In Österreich wird die Schneerose auch als Krätzenblum, Märzenkaibl, Schneebleamal und Schneeblume bezeichnet. Andere regionale Bezeichnungen sind Brandwurzel, Feuerwurzel, Frangenkraut oder Gillwurz. Aus diesen Bezeichnungen ist die Bedeutung als Heilpflanze ersichtlich, die im Kapitel „Biologisches und Heilkundliches“ beschrieben wird. Die Christrose heißt in Dänemark Julerose, in Schweden Julrus, in England Christmas Rose oder Hellebore, in Frankreich Rose de Noël, in Italien Rosa di Natale, Elleboro Nero oder Erba Rocca und in den Niederlanden Kerstroos.

Über die Christrose wurde auf vielfältige Art geschrieben. Sie taucht in Kinderbüchern und Romanen auf, wo sie manchmal – als Nieswurz getarnt – nicht gleich zu erkennen ist. Unter dem Titel *Die Christrose – ein Weihnachtsmärchen* hat Sepp Bauer 1920 eine Adventsgeschichte in 24 Teilen für Kinder geschrieben. Sie handelt davon, wie zwei Kinder ihrem todkranken Vater, einem armen Holzhacker, helfen. Die Kinder treffen den Nikolaus und fragen ihn um Rat. Der schickt sie auf eine beschwerliche Reise ins Winterland, wo sie Eichhörnchen, Hasen, einem Reh, dem Hirsch, der Graugans, einem Eisbär und sogar einem Riesen begegnen. Schließlich gelingt es ihnen, den Vater mit Hilfe des Duftes der Christrose am Weihnachtsabend zu retten. Mila Schneider und Mathilde Ritter haben 1932 ein Kinderbuch mit dem Titel *Das Märchen von der Christrose* herausgebracht, das mit etwas Glück noch antiquarisch zu haben ist. In der erfolgreichen Fantasy-Romanreihe *Harry Potter* von Joanne K. Rowling gibt es einen Nieswurz-Sirup als Zaubertrank. Der Protagonist Harry lernt in der fünften Klasse im Zaubertrankunterricht, dass zwei Tropfen Nieswurz-Sirup im Trunk des Friedens nicht fehlen dürfen. Im Märchen *Zwerg Nase* von Wilhelm Hauff wird das Kraut Niesmitlust erwähnt, das dem armen verzauberten Jakob sein wahres Aussehen zurückgibt.

Blumen haben in der Literatur zur Zeit der Romantik eine große Rolle gespielt. Die Suche nach der blauen Blume war das zentrale Symbol für Sehnsucht und romantische Liebe sowie für das metaphysische Streben nach dem Unendlichen. Aber auch die weißen Blüten der Christrose haben Dichter und Denker zu Gedichten und Erzählungen angeregt. Die bekanntesten Gedichte stammen von Eduard Mörike, Johannes Trojan und Hermann Lingg. Mitte des 19. Jahrhundert setzte Eduard Mörike der Christrose in seinem Gedicht in zwei Teilen ein literarisches Denkmal:

Auf eine Christblume

(I) Tochter des Walds, du Lilienverwandte,
So lang von mir gesuchte, unbekannte,
Im fremden Kirchhof, öd und winterlich,
Zum erstenmal, o schöne, find ich dich!

Von welcher Hand gepflegt du hier erblühtest,
Ich weiß es nicht, noch wessen Grab du hütest;
Ist es ein Jüngling, so geschah ihm Heil,
Ists eine Jungfrau, lieblich fiel ihr Teil.

Im nächtgen Hain, von Schneelicht überbreitet,
Wo fromm das Reh an dir vorüberweidet,
Bei der Kapelle, am kristallnen Teich,
Dort sucht ich deiner Heimat Zauberreich.

Schön bist du, Kind des Mondes, nicht der Sonne;
Dir wäre tödlich andrer Blumen Wonne,
Dich nährt, den keuschen Leib voll Reif und Duft,
Himmlischer Kälte balsamsüße Luft.

In deines Busens goldner Fülle gründet
Ein Wohlgeruch, der sich nur kaum verkündet;
So duftete, berührt von Engelshand,
Der benedeiten Mutter Brautgewand.
Dich würden, mahnend an das heilge Leiden,
Fünf Purpurtropfen schön und einzig kleiden:
Doch kindlich zierst du, um die Weihnachtszeit,
Lichtgrün mit einem Hauch dein weißes Kleid.

Der Elfe, der in mitternächtger Stunde
Zum Tanze geht im lichterhellen Grunde,
Vor deiner mystischen Glorie steht er scheu
Neugierig still von fern und huscht vorbei.

(II) Im Winterboden schläft, ein Blumenkeim,
Der Schmetterling, der einst um Busch und Hügel
In Frühlingsnächten wiegt den samtnen Flügel;
Nie soll er kosten deinen Honigseim.

Wer aber weiß, ob nicht sein zarter Geist,
Wenn jede Zier des Sommers hingesunken,
Dereinst, von deinem leisen Dufte trunken,
Mir unsichtbar, dich blühende umkreist?

Dieses Gedicht wurde 1888 neben anderen Mörikegedichten von Hugo Wolf vertont.

Von Paolo Mantegazza, einem italienischen Anthropologen, Naturwissenschaftler und Arzt, der vor allem durch die Erforschung von psychoaktiven Wirkstoffen und seine Sexualstudien bekannt war, ist folgende ungewöhnliche Sage zur Entstehung der Christrose überliefert:

Blumenmärchen

Im neolithischen Zeitalter [Jungsteinzeit] lebte ein starker, tapferer Mann, Tristan mit Namen; sein Weib hieß Eva, sein Freund, dem er das größte Vertrauen schenkte, Tor. Von beiden wurde er verraten. Im ersten Zorn wollte er die Schuldigen töten, dann aber überlegte er, ein plötzlicher Tod sei keine Strafe – mögen sie leben, ihr Gewissen werde sie genug strafen. Die Nachbarn freilich nannten Tristan einen wahnsinnigen Narren, aber er kümmerte sich nicht darum, sondern ging ruhig seines Weges. Sein Herz freilich war von dem schrecklichen Augenblicke an, wo er den doppelten Betrug merkte, tot und kalt wie Eis. Nichts machte dem Ärmsten mehr Freude; kein Kampf, keine Jagd, die er früher so sehr liebte, konnten irgend einen Reiz auf ihn ausüben. Am wohlsten befand er sich mitten in den Bergen, dort konnte er stundenlang sitzen und dem Spiele zwischen Wind und Schnee zusehen. Eines Tages, als er wieder ins Gebirge gegangen war, kehrte er nicht mehr heim. Die Nachbarn suchten ihn, fanden ihn aber nicht. Erst als im Frühjahr Schnee und Eis schmolzen, entdeckte man den Körper des Unglücklichen; er war umwachsen von einer bis dahin unbekannten Pflanze – der Schneerose.

Von Johannes Trojan, der Chefredakteur des politsatirischen *Kladderadatsch* in der Bismarckzeit war, ist dieses kurze Gedicht bekannt:

Die Christrose hebt ihr weißes Haupt

In der schweigenden Welt,
Die der Winter umfangen hält,
Hebt sie einsam ihr weißes Haupt;
Selber geht sie dahin und schwindet

Eh' der Lenz kommt und sie findet,
Aber sie hat ihn doch verkündet,
Als noch keiner an ihn geglaubt.

Ludwig Ganghofer, der berühmte bayerische Heimatdichter, hat seinen Roman *Der Klosterjäger* aus dem Jahre 1892 seiner verstorbenen Tochter gewidmet. In einem vorangestellten Gedicht bezeichnet er sie als „einer Blume gleich im Frühlingshage". Sowohl im Gedicht als auch im Roman nutzt er die Christrose als Symbol für Leben und Tod sowie für Wandlung und Entwicklung:

Schneerose!

Du echte Blume der Berge! Nicht minder schön und lieblich als die rotglühende Almenrose des Sommers, und noch geheimnisvoller als der Samtstern des Edelweiß. Schneerose! Wenn der Winter seinen weißen Mantel über alle Berge wirft, wenn alles Blühen erstirbt und alles Wachstum entschlummert, dann regt sich die keimende Kraft in den tief gesenkten Wurzeln dieser einzigen Pflanze, als wäre sie bestellt zur Hüterin des Lebens.

Sein Buch entstand zur gleichen Zeit wie Selma Lagerlöfs Roman *Gösta Berling,* für den sie den Nobelpreis erhielt.

a. Helleborus niger foeditus, seu Consiligo, Groß Leüße Kraüt.
b. Helleborus niger hortensis flore viridi
c. Helleborus niger verus, Ellebore noir, Schwarze Nießwürtz.
d. Helleborus Ranunculoides flore globoso.
e. Helleborus Ranunculoides hyemalis seu Aconitum Hyemale.

H.

a) Helleb. foetidus
b. Helleb. viridis
niger

Rätselhaftes und Sagenhaftes

Hexengift – die Kröte und die Christrose: Nach mittelalterlichem Aberglauben bezieht die Kröte ihr Kontaktgift von der Christrose, unter der sie sich zu ihrem Schutz oft versteckt hält. Man versuchte später diesen angenommenen Zusammenhang dadurch zu erklären, dass sowohl Hahnenfußgewächse als auch Amphibien Feuchtgebiete bevorzugen. Moderne Analysemethoden führten dann zu einem verblüffendem Ergebnis: Die reizenden Stoffe der Christrose und der Kröte weisen eine vergleichbare chemische Struktur auf. Das Volkswissen lag also über Jahrhunderte gar nicht einmal so weit weg von der Erklärung in unser Zeit.

Elixier für ein langes Leben: Zu allen Zeiten verwendeten Menschen Mittel, die das Lebensgefühl positiv beeinflussen, Altersbeschwerden mildern und für Vitalität bis ins hohe Alter sorgen sollten. Die getrockneten Blätter der Christrose galten unter Berufung auf Paracelsus (1493–1541) als Elixier für ein langes Leben und ewige Jugend. Paracelsus weist darauf hin, dass die Blätter verträglicher seien als das Rhizom. Neuere Untersuchungen haben ergeben, dass der ab dem 60. Lebensjahr zu konsumierende „Zaubertrank" ein niedrig dosiertes Herzglykosid enthielt, dessen Wirkstoff in den Blättern enthalten ist. Das wirkungs- und strukturverwandte Glykosid des Fingerhuts wird noch heute in der Volksmedizin als Geriatrikum genannt.

Orakel und Wettervorhersage: Die Christrose wurde nach alten Erzählungen früher auch als Orakelblume verwendet. In der Nacht von Heiligabend auf den ersten Weihnachtsfeiertag wurden zwölf Knospen in eine Wasserschale gelegt, eine für jeden Monat des kommenden Jahres. Jede Blütenknospe, die sich während der Nacht öffnete, stand für gutes Wetter. Geschlossene Knospen sagen dagegen schlechtes Wetter voraus.

Weißer Schnupftabak: Normalerweise besteht Schnupftabak aus dem fein gemahlenen Tabak einer oder mehrerer Sorten und sieht hellbraun aus. Er wird in Europa ungefähr seit dem 17. Jahrhundert durch Einsaugen in die Nase konsumiert. Das Nikotin entfaltet seine Wirkung über die Nasenschleimhäute. Die tabakfreie Version ist das sogenannte weiße Niespulver, um das sich verschiedene Geschichten ranken. Angeblich enthielt der Schneeberger Schnupftabak aus dem Erzgebirge Bestandteile der Christrose. Doch diese Behauptung ist falsch. Auf dem Münchner Oktoberfest soll weißer Schnupftabak Furore gemacht haben. 2010 verwechselten angeblich einige Festbesucher das harmlose, nicht berauschende Mittel mit den ähnlich aussehenden Kokain, worüber sogar die Süddeutsche Zeitung berichtete.

Gelehrsam: Johann Wolfgang von Goethe war nicht nur der bedeutendste Repräsentant deutschsprachiger Dichtung, sondern auch Universalgelehrter. Als solcher beschäftigte er sich naturwissenschaftlich auch mit der Toxizität der Helleborus. Er warnte vor dem allzu sorglosen Genuss von Schnupftabak ohne ärztlichen Rat: „Welch ein Gedränge nach diesem Laden! Wie emsig wägt man, empfängt man das Geld, reicht man die Ware dann! Schnupftabak wird hier verkauft. Das heißt, sich selber erkennen! Nieswurz holt sich das Volk, ohne Verordnung und Arzt."

Das Schelmenstechen: Die Medizingeschichte kann auf vielfältige, uns heute oft kurios erscheinende Heilmethoden verweisen. Besonders skurril ging es in der volkstümlichen Veterinärmedizin zu. Dort wurde die Helleboruswurzel zur Heilung von Milzbrand und Rotlauf bei Schweinen und anderem Weidevieh verwendet. Paracelsus empfiehlt während der Behandlung von Schafen einen Zauberspruch zu singen. Noch zu Beginn des 20. Jahrhunderts bezog man sich auf Autoren der Antike wie Plinius und Columella. In seiner Dissertation beschreibt Ludwig Krieger 1921 die korrekte Anwendung des sogenannten Schelmenstechens: „Man nimmt die Helleboruswurzel, fährt damit an einem Ohr des kranken Tieres in der Mitte desselben herum, macht ein Kreuzzeichen hin, sticht in der Mitte des mit der Wurzel gezeichneten Ringes ein Loch und steckt die Wurzel hindurch. Das Ohr schwillt bald darauf an und im Ohr entsteht ein Loch." Nieswurz wurde auch zum Ausräuchern von Ställen, zur Reinigung von Häusern sowie zur äußerlichen Behandlung gegen Krätze und gegen Ungeziefer eingesetzt. Die Pflanze wurde deshalb umgangssprachlich auch als Krätznbleamerl, Saubleamerl oder Schelmrosn bezeichnet.

Aberglaube, Zauberei und Brauchtum: Einer alten Überlieferung nach bewahrt eine Christrosenblüte, die am Heiligen Abend den Schweinen ins Ohr gesteckt werde, vor der Schweinepest. Der Aberglaube ging so weit, dass Verlobte durch das Tragen von Nieswurz vor Unheil bewahrt werden sollten. Im Mittelalter galt die Christrose als Sitz eines Totengeistes oder einer Elfe. Die zerstoßenen Wurzeln waren eine wesentliche Zutat bei Hexensalben und Zauberpulvern, die, auf den Boden gestreut, angeblich unsichtbar machen konnten.

Foto / Zeichnung: Leonhart Fuchs, siehe Bildquellen

Helleborus niger foetidus Consiligo Pliny. C.B.P.
Elleborus maximus sive Consiligo Park: Helleborus
Sylvestris adulterinus etiam hieme virens. C.B.P. En=
neaphyllon, Plin: Cas: Pidicularia foetida Trag: Pulmonaria
Vegetii. Gesn: Sesamoides magnum Lob: item Helleboraster.
Belg: Wiercruyt, Wancruyt, Angl: Beeresfote, Germ:
Wilde Christwurtz.

Musikalisches und Magisches

Musik entfaltet auf den Hörer oft eine magische Wirkung. Wir verstehen sie ohne Worte als Ausdruck der Seele. Musik über eine magische Blume und die sagenhaften Umstände ihres Blühens und Wachsens kann dann zu einem besonderen Hörerlebnis werden.

Das bekannteste Lied über die Christrose ist das Weihnachtslied aus dem 16. Jahrhundert *Es ist ein Ros entsprungen.* Die Melodie zum Text findet sich im *Speyerer Gesangbuch* von 1599. Die zweite Strophe verfasste der protestantische Komponist Michael Prätorius 1609, von dem auch der vierstimmige Chorsatz zu dem Lied stammt. Pastor Friedrich Layriz fügte 1844 den von Prätorius überlieferten zwei Strophen noch drei weitere hinzu. Je nach Konfession, katholisch oder evangelisch, unterscheidet sich der Text der zweiten Strophe.

Durchgesetzt hat sich die dreistrophige Fassung aus den beiden Strophen von Prätorius und einer dritten von Friedrich Layriz:

Es ist ein Ros entsprungen

Es ist ein Ros entsprungen
aus einer Wurzel zart,
wie uns die Alten sungen,
von Jesse kam die Art
und hat ein Blümlein bracht
mitten im kalten Winter,
wohl zu der halben Nacht.

Das Röslein, das ich meine,
davon Jesaia sagt,
hat uns gebracht alleine, (ist Maria die reine,*)
Marie die reine Magd. (die uns das Blümlein bracht.*)
Aus Gottes ewgem Rat
hat sie ein Kind geboren
wohl zu der halben Nacht. (und blieb doch reine Magd*)

* katholische Fassung

Das Blümelein so kleine,
das duftet uns so süß,
mit seinem hellen Scheine
vertreibt's die Finsternis:
Wahr Mensch und wahrer Gott,
hilft uns aus allem Leide,
rettet von Sünd und Tod.

Zur Entstehung dieses Liedes gibt es eine schöne Geschichte, die allerdings nicht belegt ist: Danach soll der Trierer Mönch Laurentius bei einer Waldwanderung in der Weihnacht eine Pflanze im Schnee entdeckt haben, die direkt vor ihm weiß erblühte und ihn zu dem Weihnachtslied inspirierte. In einer anderen Version hörte Laurentius während eines Spaziergangs aus der nahe gelegenen Kirche die Prophezeiung des Jesaja „Doch aus dem Baumstumpf Isais wächst ein Reis hervor, ein junger Trieb aus seinen Wurzeln bringt Frucht". Im selben Augenblick erblickte er die blühende Christrose vor sich, grub sie aus, stellte sie auf den Alter und dichtete das beliebte Weihnachtslied. Johannes Brahms nutzte das Lied 1896 in seinen *Elf Choralvorspielen* (op. 122, Nr. 8)

Von Robert Stolz stammt das operettenhafte Weihnachtslied *Es blüht eine Rose zur Weihnachtszeit*, das in den Sechzigerjahren des vergangenen Jahrhunderts oft sehr rührselig interpretiert wurde.

Dank

Dr. Renate Achenbach, Leiterin des Bereichs Ausbildung an der Universität Regensburg, hat aus der Winterausstellung der Universitätsbibliothek von 2011 umfangreiche Texte und Informationen zur Verfügung gestellt und damit dieses Buch wesentlich bereichert.

Prof. Dr. Klaus Böldl lehrt am Nordischen Institut der Universität Kiel unter anderem Altnordische Religionsgeschichte und Literaturgeschichte des Mittelalters. In seinem Vorwort beleuchtet er den Inhalt von Selma Lagerlöfs Legende aus literarischer Sicht und ordnet sie in das Gesamtwerk der Autorin ein.

Silke Schlömp, tiefenpsychologisch orientierte Psychotherapeutin, vor ihrem Ruhestand mit eigener Praxis in Kiel, hat für *Die Legende von der Christrose* eine Deutung aus psychologischer Sicht geschrieben. Sie weist auf das Wunderbare und Märchenhafte hin, bietet einen Zugang zur Symbolik der mythologischen Inhalte und hilft dem Leser, einen Bezug zu seinem eigenen inneren Erleben herzustellen.

Die Universitätsbibliothek Regensburg hat die Erlaubnis erteilt, die teilweise sehr alten, hochwertigen und kunstvollen Darstellungen der Christrose aus der Dauerleihgabe der Bibliothek der Regensburgischen Botanischen Gesellschaft zu publizieren.

Ein herzliches Dankeschön geht auch an alle nicht namentlich genannten Mitwirkenden, die beim Satz, in der Druckerei oder durch kluge Hinweise zum Gelingen des Buches beigetragen haben.

Über die Autorin und Herausgeberin

Astrid Grabener, Journalistin und Grafikerin, begibt sich mit diesem Buch ein weiteres Mal auf einen Nebenweg ihrer beruflichen Arbeit. Sie widmet sich hin und wieder Themen, die ihr am Herzen liegen, die ihr im Alltag über den Weg laufen, sie besonders beschäftigen und eine andere Seite ihrer Interessen ansprechen.

Quellen / Bilder

- Quelle des Legendentextes: ungekürzte und bis auf offensichtliche Satzfehler unveränderte Abschrift in der Rechtschreibung der Zeit aus dem Buch „Die Legende von der Christrose", Autorin Selma Lagerlöf, Übersetzung Marie Franzos, Verlag Albert Langen, München, 1952
- Wikipedia, Stand August 2015, Beiträge: Albert Langen, Marie Franzos, Selma Lagerlöf, Langen Müller Verlag, Schneerose, Zwerg Nase
- Stadt Kiel, www.kiel.de, Stand Juli 2015, Beitrag: Selma Lagerlöf, „Schriftstellerin, Nobelpreisträgerin und Ehrendoktorin der Kieler Universität"
- Deutschlandradio, Kalenderblatt, Beitrag vom 16.03.2015, 75. Todestag von Selma Lagerlöf, Die Erfinderin von Nils Holgersson
- DIE ZEIT, Nr. 53/2014, 10. Januar 2015, Beitrag: „Nils Holgersson – Das wahre Schweden"
- Buch: „Selma Lagerlöf – Värmland und die Welt – Eine Biografie" 1. Auflage, 25. Februar 2015, von Holger Wolandt
- Österreichische Nationalbibliothek, Wien „Diskurse und Dokumente der österreichischen historischen Frauenbewegung 1848-1918" www2.onb.ac.at/ariadne/vfb/bio_franzosmarie.htm (Stand 2013)
- Österreichische Nationalbibliothek, Wien, „Wien 1938 - Das Ende zahlreicher Karrieren. Am Beispiel der Übersetzerin Marie Franzos (1870-1941)". Mag. Dr. Susanne Blumesberger, 2006, fedora.phaidra.univie.ac.at/fedora/get/o:829/bdef:Content/get
- Stadt Wien, „Große Töchter Mariahilfs – Die Lebensläufe", www.wien.gv.at/mariahilf/geschichte-kultur/grossetoechter-lebenslaeufe.html
- Bayerische Staatsbibliothek, München, Deutsche Biografie, Albert Langen, www.deutsche-biographie.de/sfz47984.html
- Universitätsbibliothek Regensburg, Regensburg www.bibliothek.uni-regensburg.de/christrose/
- Kerstin Probiesch M.A., Marburg, „Pflanzensymbolik - Christrose", www.feste-der-religionen.de/blumen/christrose.html

- Zentrales Verzeichnis antiquarischer Bücher, www.zvab.com, AbeBooks Europe GmbH
- Bibelgarten Twist, Ev.-luth. Kirchengemeinde Twist
- Amazon, www.amazon.de
- Berlin-Brandenburgische Akademie der Wissenschaften, Berlin, DWDS-Projekt, Etymologisches Wörterbuch
- Albert-Ludwigs-Universität Freiburg i. Brsg., Zentrum für Populäre Kultur und Musik, www.liederlexikon.de/lieder/es_ist_ein_ros_entsprungen
- Bild auf dem Umschlag unter der Mitverwendung eines Fotos von M a n u e l, 17. März 2008, Flickr.com

Literaturangabe, Beitrag Silke Schlömp
- Kathrin Asper: Verlassenheit und Selbstentfremdung, Walter 3. Aufl. 1989
- David Hell: Die Sprache der Seele verstehen, Herder Jubiläumsausgabe 2007
- Mario Jacoby: Scham-Angst und Selbstgefühl, Walter 2. Aufl. 1993
- C. G.Jung: Symbole der Wandlungen, GW Band 5, Olten 1981 3. Aufl.

Quellen der alten botanischen Bilder: Universitätsbibliothek Regensburg, Dauerleihgabe Regensburgische botanische Gesellschaft.
- Elizabeth Blackwell: Vermehrtes und verbessertes Blackwellisches Kräuterbuch. Herbarium Blackwellianum emendatum et auctum. Nürnberg 1754-1773; Seiten: 12, 13, 14, 31, 32, 48, 53, 54, 56
- Leonhart Fuchs: De historia stirpium commentarii insignes. Basel 1542. Elleborus niger adulterinus sylvestris, Leußkraut; Seite 71
- Geßner, Johannes: Tabulae Phytographicae, Analysin Generum Plantarum Exhibentes. Zürich 1804. Bd. 2. T. 38; Seite 4
- David Heinrich Hoppe: Ectypa plantarum Ratisbonensium. Oder Abdrücke derjenigen Pflanzen, welche um Regensburg wild wachsen. Regensburg 1787-1793. 6. Hundert. 1790. Helleborus niger Cl. 13. Ord. 7. Tab. 538; Seite 6
- Weinmann, Johann Wilhelm, Regensburg 1735-1745. Bd. 2,2; Seiten 68, 72

Die Legende von der Christrose

Bibliografische Information der Deutschen Bibliothek
Die Deutsche Nationalbibliothek verzeichnet diese Publikation in der Deutschen Nationalbibliografie; detaillierte bibliografische Daten sind im Internet über http://dnb.d-nb.de abrufbar

Niemannsweg 8 | 24105 Kiel
Telefon: 0431 - 560 1 237
Internet: www.grabener-verlag.de
E-Mail: info@grabener-verlag.de

Autorin und Herausgeberin: Astrid Grabener
Autorin der Legende: Selma Lagerlöf
Übersetzung aus dem Schwedischen: Marie Franzos
Bearbeitung der deutschen Fassung: Prof. Dr. Klaus Böldl
Lektorat: Bettina Liebler
Bilder: siehe Bildquellen
Layout | Satz | Umschlag: Petra Matzen
Druck: ScandinaviaBook

4. Auflage 2026
ISBN 9783-949532-009